LES NOUVEAUX PRINCIPES DE L'ART D'ECRIRE, OU LA VRAYE METHODE D'Y EXCELLER.

Divisée en deux Parties.

La premiere par Demandes & par Réponses.

Et la seconde en six Tables.

Dédiée à Monseigneur LE PREMIER PRESIDENT *du Parlement.*

Par le Sieur ROYLLET, Expert Ecrivain Juré, demeurant à Paris rue de la Verrerie.

A PARIS,

Chez ALEXIS MESNIER, Libraire-Imprimeur, rue Saint Severin, au Soleil d'or, ou en sa Boutique au Palais, Grande Salle, même Enseigne.

M. D. CC. XXXI.

Avec Approbation & Privilege du Roy.

A MONSEIGNEUR

ANTOINE PORTAIL,

CHEVALIER,

SEIGNEUR DU VAUDREUIL,

CONSEILLER D'ETAT,

PREMIER PRESIDENT AU PARLEMENT.

ONSEIGNEUR,

LA *protection que vous accordez si genereusement à tous ceux qui cultivent les beaux Arts ; & le favorable accès qu'ils trouvent auprès de* VOTRE GRANDEUR, *m'authorisent à vous offrir les prémices de mes veilles, & de mes travaux.*

Je n'aurois jamais osé prendre la liberté de mettre votre illustre Nom au commencement de cet Ouvrage, si je n'étois convaincu que ce Nom seul suffit pour lui attirer le suffrage du Public. en le prenant sous votre protection; MONSEIGNEUR, vous justifiez l'obligation que vous avez en quelque maniere à un Art tout divin, qui, pour me servir des termes d'un fameux Traducteur, donne de l'ame & du corps aux pensées; & par-là devient en quelque sorte le canal de votre propre gloire, & de celle du plus célébre des Parlemens. En effet, c'est par l'Ecriture que seront transmis à la Posterité les Oracles que la Sagesse dicte tous les jours à la tête d'un auguste Sénat; C'est aussi par l'Ecriture que nous sont representées les grandes actions de vos Prédecesseurs, qui, dans le Siecle passé, ne croyoient pas indigne d'eux, d'entrer dans quelque détail au sujet d'un Art si utile, pour en corriger les abus; C'est enfin par l'Ecriture, MONSEIGNEUR, que revivront avec une nouvelle splendeur toutes les vôtres, qui aujourd'hui font l'admiration de tout le monde, & qui serviront un jour de modéle au Chrétien zelé, au bon Citoyen, & au Magistrat parfait.

J'ai l'honneur d'être avec un très-profond respect, & un attachement inviolable,

MONSEIGNEUR,

Votre très-humble & très-obéïssant serviteur, ROYLLET.

AU LECTEUR.

CETTE nouvelle Méthode est le fruit de plusieurs années, & de sérieuses réflexions; que j'ai eu occasion de faire sur tout ce qui a paru au sujet de l'Ecriture; j'espere par-là contribuer à l'utilité du public, en facilitant le progrès & l'avancement des Amateurs d'un Art si nécessaire; car ils trouveront dans cette Méthode de quoi se satisfaire amplement sur tout ce que l'Ecriture peut avoir d'utile & d'agréable, & cela d'une maniere si aisée, qu'il leur sera facile d'y faire en peu de tems plus de progrès, qu'il n'est annoncé par le titre de mon Ouvrage; j'employe des principes clairs & vrais, sur lesquels j'espere l'approbation du public.

Pour me rendre plus à portée de la Jeunesse, j'employe un stile familier par demandes & réponses dans les explications des dix Chapitres qui forment la premiere Partie, pour ceux qui ne veulent point approfondir. Les Gens de l'Art même les plus sçavans, n'y perdront rien; *car ils trouveront dans les Tables de la deuxiéme Partie, des principes solides, curieux, & nouveaux, qui se prouvent les uns par les autres; je ne pense pas que cet Ouvrage soit exempt de critique: ce seroit trop présumer de soi. Voilà en peu de mots la matiere de ce premier Ouvrage. Mon second Livre que j'espere donner dans la suite, contiendra, pour ceux qui veulent approfondir, des choses encore plus recherchées; mais un peu plus difficiles à pénétrer; j'y traiteray aussi des Caracteres, Romain, Gotique, & Coulées, expediés pour ceux qui désirent les sçavoir. Mon principal objet dans celui-cy, touchant les trois Caracteres, le François, l'Italien & la Coulée, est ~~comme j'ai déjà dit~~, de donner les moyens d'exceller dans cet Art à celui qui n'a point encore reçû de principes, & de réformer celui qui en a de faux; de sorte que sans Maître, & par le moyen de mon Ouvrage, chacun pourra se perfectionner. Quant au stile & à la maniere de m'exprimer, je n'en ai point recherché d'autre que celui qui m'a paru le plus intelligible, & plus à portée de tout le monde.*

DISSERTATION
SUR L'ECRITURE.

J'AUROIS souhaité me dispenser d'une dissertation; mais comme elle est absolument nécessaire pour donner une idée générale de ma Méthode, je suis obligé de la faire pour servir de clef à mes principes; je m'écarteray quelque fois du sujet général pour entrer dans les particuliers, qui ne regardent pas moins le Public: Qu'on ne s'étonne donc point si je commence par dire que j'ai formé dans mes Piéces de Modeles, les têtes & les queües des Lettres mineures, les unes établies sur un corps de hauteur au-dessus & au-dessous du caractere, pour contenter ceux dont le goût est de les faire de cette hauteur. J'ai fait la même attention pour ceux qui ne les veulent que d'un corps de haut seulement * mais ceci ne fait pas absolument le fond des principes; ainsi que les differentes pentes de Bâtarde que j'ai observées, pour la raison dont je viens de parler; c'est-pourquoi je m'arrêterai peu à ce sujet, ainsi que sur celui de la gravûre dont je ne parle qu'en passant; & en avertissant le public, qu'on n'a point suivi mes modeles dans des petites particularités, quoique je me sois servi des plus habiles du tems, & j'ai cela de commun avec M. Allais, qui s'est donné, comme moi, beaucoup de peine pour parvenir à la même fin que je m'étois proposée; au surplus, ces petites differences n'ont point empêché les progrès

* On trouvera aussi certaines pieces, dont le caractere est de quelques choses plus haut que bien des personnes le font, lequel devient plus gracieux, que lorsqu'il est court.

que le Public a fait sur le Livre de cet Auteur, & il y a toute apparence qu'il en sera de même de celui qu'il doit faire sur le mien, d'autant qu'il est aidé d'explications vraies & familieres par demandes & réponses. Ce qui occasionne de faire cette explication, sont ceux qui reconnoissans quelques fautes dans les modeles, sont portés à penser qu'elles viennent de l'Auteur, sans examiner qu'elles peuvent venir d'autres causes; il est aisé de connoître la premiere, qui est que la plûpart des jeunes Gens qu'on destine à graver, n'ont point appris les principes de l'Ecriture, ce qui est la baze fondamentale de la Gravûre en Lettres, comme le dessein l'est de celle en Taille douce, autrement dit, en Figures. C'est cependant l'erreur de ceux qui font choix de la Gravûre en Lettres, d'où il résulte tant de mauvais Livres d'Exemples, sur lesquels on prend de fausses habitudes, & il est étonnant de voir que plusieurs ne se sont étudiés qu'à former machinalement les caracteres de l'Ecriture, & que les principes les plus essentiels n'ont roulé que sur des regles, la plûpart incertaines, pour parvenir à l'execution d'une écriture médiocre par un travail infini, & cela, parce que ces principes n'ont pas esté démontrés clairs & vrais; au lieu que s'ils l'avoient été, on auroit fait en beaucoup moins de tems un progrès bien plus grand, que celui qui provient de l'incertitude des principes; & je puis dire avec experience qu'il y a une difference des deux tiers du tems par la vraye voye: de sorte que ceux qui ont une exécution plus belle que d'autres, ne la doivent qu'à un don particulier de la nature. Il semble que cette faute ne doit naturellement être imputée qu'à plusieurs de ceux qui professent cet Art dans les Villes où il est le plus recherché. Je ne prétends point cependant m'ériger en critique; ce n'est, ni mon caractere, ni l'esprit de mon Livre; le public sçait assez combien il est difficile d'écrire parfaitement, & combien il est pénible à un Maître qui professe avec distinction de se soûtenir dans un dégré égal de perfection, si on ne lui pardonne pas des fautes de principes lorsqu'il démontre; cependant on veut de ce Maître, & l'execution des Lettres, & les principes tout ensemble; & même dans la perfection, je ne sçai qui a raison; le Maître qui s'est attaché à soûtenir par un violent exercice, les traits, les passes & le caractere dans un goût qui a plû ou qui plaît, s'est fait un mérite, & on doit lui tenir compte de ce nouveau goût, s'il en est l'Inventeur.

Ce que contient la premiere Partie.

J'ai établi (comme j'ai déjà dit) ma Méthode en deux Parties.

La premiere contient dix Chapitres, par Demandes & par Réponses pour ceux qui ne veulent pas approfondir pour être Maîtres. Cette premiere Partie explique la maniere de tailler la Plume, la posture du corps, des bras, & les moyens de former les mineures & les majeures d'une maniere simple. Dans le premier Chapitre, il est parlé en bref de l'utilité qu'il y a de sçavoir écrire, selon les differentes affaires, pour lesquelles on est destiné, par le caractere qui leur est propre.

Dans le second je donne la posture du corps, & les positions des bras, &c.

Le troisiéme contient les moyens de tailler la plume.

Le quatriéme établit la bonne tenuë & les mouvemens qu'elle reçoit par le poignet & par les doigts pour la forme des mineures, avec quelques demandes & réponses sur les fausses tenuës.

Le cinquiéme établit les trois principales situations de plume, & leurs mutations.

Le sixiéme parle des moyens de former les mouvemens des jointures du bras droit, sur les figures qui sont les plus essentielles pour ceux qui n'ont besoin que de ce qui concerne cette premiere Partie.

Le septiéme est formé de l'explication des majeures Françoises; laquelle me paroît suffisante pour conduire à la forme des deux autres Alphabets majeurs de Bâtarde & Coulée, par le rapport que ces majeures ont aux deux Alphabets de Bâtarde & Coulée, en s'exerçant ſur les models de l'un des deux Alphabets dont on aura beſoin.

Le huitiéme, ainſi que les neuviéme & dixiéme Chapitres expliquent la maniere de former chaque lettre en particulier des trois caracteres ; dans les explications deſquels je parle du dedans & du dehors des ovales en termes d'interieur & d'exterieur ; ceux qui ne connoîtront point ces termes, feront attention que l'interieur d'un ovale eſt le dedans, & l'exterieur, le dehors : * ce qui ſe doit appeller, l'un concave, & l'autre convexe.

* On ne doit pas eſtre ſurpris ſi je fais cette explication, ainſi que beaucoup d'autres, parce qu'un Auteur doit ſuppléer autant qu'il eſt poſſible au défaut d'intelligence de bien des perſonnes.

Ce que contient la ſeconde Partie.

Elle eſt formée de ſix Tables : dans la premiere ſont établies toutes les puiſſances des mouvemens du bras droit, y compris la main conjointement & ſéparément ; la connoiſſance deſquels mouvemens eſt abſolument néceſſaire pour conduire à la forme des majeures & des mineures : on y remarquera des explications ſur les poſitions differentes du bras, leſquelles mettent les doigts & le poignet en pouvoir de produire des parties de lettre plus longues, & par conſéquent plus aiſées qu'elles ne ſeroient produites autrement.

La figure du point donné, qui eſt étoilé, prouve, par l'eſſai qu'on en fera, la verité de ce que je dis ; non-ſeulement pour ce qui regarde la production de ces mouvemens envers les parties droites ; mais encore envers les courbes.

Dans la ſeconde Table, ſont repreſentées les ſituations de plumes & toutes leurs mutations, dont les effets ſont établis par dégrez de diminution ſur une ligne, & d'augmentation ſur une autre avec des explications ſur l'utilité de ces differens effets de plume, envers les trois caracteres de ce Païs, tant en lettres majeures que mineures ; la connoiſſance deſquels effets de plume ne doit point être ignorée par les Maîtres qui profeſſent cet Art ; attendu qu'ils ont beſoin de ſçavoir la cauſe de tous les plains parfaits & imparfaits, ſoit par les mutations de plume, ou par celles de lignes : Voicy comme j'explique par l'extrait ci-après, ce que contient cette Table, pour comprendre aiſément tout ce qui y eſt établi.

Les trois ſituations de plumes ne reçoivent ce nom, que parce qu'elles ſont parfaites ; c'eſt-à-dire que pour être véritablement ſituation, il faut qu'elles ne reçoivent point d'alteration dans leurs productions, comme ſont les differens dégrez de ſous-levés de plume ; mais ces accidens ſont encore ſuivis d'autres, comme les appuys plus ſenſibles, d'où il réſulte des plains plus épais que n'eſt le bec de la plume, ſans parler des mutations ou tournemens, dans leſquels on tombe, lors de la formation d'un plain ſur une ſituation qui reçoit toutes ces differences ou mutations dont je parleray ci-après.

Je doute que cette Table ſoit bien reçûë de tout le monde, les uns par un motif, & les autres par un autre ; mais ſans entrer dans leurs raiſons (dont le public connoiſſeur de cet Art ſçait la cauſe) ; je ſuivray toûjours ce que j'ai entrepris, & je ne crois pas que la cinquiéme Table lui déplaiſe moins que la ſeconde dont je parle, parce qu'elle repreſente trop les fautes des lettres ; je reviens à mes ſituations que je ne perds point de vûë ; & je dis que pour mettre la plume ſur la ſituation à face, il faut que ſes deux angles ſoient entierement poſés ſur la ligne horiſontale, & que le plain qui en provient ſoit entierement parfait.

La ſituation de travers ſe repreſente les deux angles du bec de la plume entierement poſés ſur la ligne perpendiculaire, dont on a un plain poſé ſur une ligne horiſontale.

La ſituation inverſe eſt telle que les deux angles de la plume ſont ſur la ligne horiſontale, & produit un plain parfait ſur la ligne perpendiculaire ; enſorte que ces ſituations ſont chacunes en elles le centre, d'où partent toutes les mutations de plumes, deſquelles les productions ſont des plains de differentes groſſeurs, & qui reçoivent les noms de plains imparfaits, mais comme ceci demande une explication plus ample, pour déveloper toutes ces cauſes & ſatisfaire les curieux : Je diray que la plume miſe à face ſur la ligne horiſontale, produit un plain parfait ſur celle à plomb, de laquelle ſituation je me ſers pour former les lettres mineures Italiennes bâtardes, & cela parce que nous avons une diminution de plain, quoique de cette situation, attendu que ce plain, au lieu d'être établi sur la ligne perpendiculaire, se touve formé sur la ligne oblique qui cause cette diminution d'épaisseur ; ainsi cette diminution de plain dans cette situation, causée par la mutation de la ligne oblique du degré, sur laquelle s'établit ce caractere, ne doit pas être diminué par les mutations de plume; ce qui arrive assez ordinairement, & qui est une erreur dans laquelle tombent plusieurs de nos Démonstrateurs de cet Art, qui entretiennent tous les jours ce vice; parce qu'ils ne font apparamment pas attention aux suites ; & il arrive de-là, que tournant la plume dans la production des lettres qu'ils forment, ils lui font recevoir tout autant de mutations de plumes qu'il y en a de la situation à face, à celle de travers ; de sorte que le bas d'un jambage reçoit jusqu'au quatriéme & cinquiéme degrez de diminution de plain; & par conséquent pointu ou beaucoup diminué à son extremité ; il est aisé de reconnoître cela plus aisement dans un U. le jambage duquel se trouve bien moins gros que sa rondeur ; & voici une raison pour convaincre ceux qui ne voudroient pas se rendre à ce que je viens de dire.

La situation à face donne son plain sans contredit sur la ligne perpendiculaire, & son delié sur la ligne horisontale, comme je l'explique dans cette Table ; mais aussi-tôt que cette plume se trouve tournée ou inclinée vers la gauche, nous nous appercevons d'une diminution de plain sur cette ligne, & en même tems d'une augmentation sur celle horisontale du même dégré de celui de la diminution sur la ligne à plomb, ainsi des autres tournemens de plume, soit envers cette situation, soit envers les autres.

Les plus habiles Gens de l'Art répondront à cela qu'ils supléront à tous ces accidens par plus de dexterité, lors de la formation des Lettres; mais en supposant que cela se puisse faire sans appercevoir des fautes ; comment peut-on communiquer cette dexterité qui ne me paroît possible qu'à un travail de Maître de plusieurs années ? Mais quand il seroit possible de former les lettres dans les regles par cette voye avec le même tems, que par l'autre, il ne seroit pas moins vray que l'on seroit dans le faux, & toûjours prêt à faire de mauvaises productions, ce qui ne peut pas servir.

Dans la derniere démonstration de cette Table, il est établi trois figures : La premiere aussi bien que la seconde, representent dans tous ses dégrez, touts ceux qui se trouvent employés dans toutes les mineures, Italiennes & Bâtardes, tant rondeurs, que parties droites, & dans la formation desquelles sont employés les mêmes mouvemens, que ceux qui forment les mineures. La seconde de ces figures est établie par la premiere mutation de plume de la situation à face, & ce pour ceux qui veulent former leur Bâtarde sur cette mutation de plume. La troisiéme figure est pour le caractere mineur François, d'une mutation de plume convenable à ce caractere.

La troisiéme Table est formée de figures radicales mineures ; sçavoir la ligne mixte & la ligne aspirale, avec des explications sur le moyen de les former, & leurs rapports aux majeures des trois caracteres; lesquelles figures radicales sont établies régulierement dans la piéce des traits pour former les mouvemens des jointures du bras; cette Table represente dans les autres démonstrations, toutes les lignes, angles, cercles, & parties de cercles, qui sont les plus nécessaires pour l'écriture.

La quatriéme est formée des figures radicales mineures des trois caracteres; l'explication des parties desquelles lettres radicales est établie sur celles du caractere mineur Italien, par la connoissance desquelles parties, & du moyen de les former, il est aisé de sentir celles des deux autres caracteres, François & Coulées, dont je n'ai point fait d'explication. Les principes que j'établis touchant ces deux figures radicales mineures &c. sont beaucoup differentes des démonstrations ordinaires ; les uns définissent la lettre O. en deux parties, les autres en quatre, & l'i. en deux ; les premiers disent que l'O. est formé de deux plains & de deux déliés; je ne trouve, selon moi, ni dans les uns, ni dans les autres, de quoi satisfaire ceux qui désirent apprendre cet Art.

Par

Par la définition des premiers, rien n'eſt plus obſcur, que d'enſeigner deux demi cercles pour toute explication ſur cette figure; dans celle des derniers qui établiſſent quatre parties droites, ce principe ne paroît pas encore juſte, puiſqu'un carré n'eſt point un ovale, comme certainement l'ovale n'eſt point une figure carrée; s'ils diſoient que quatre parties de cercles peuvent faire un ovale d'une proportion convenable, cela ſeroit vrai; mais il ne s'agit point de dire qu'il contient tant de parties dans une figure: Il faut encore donner les moyens pour les former. La définition que je fais de cette lettre en huit parties, & de l'I. en quatre, &c. dans ma Table avec le moyen de les former; & le raport que je fais connoître des parties de cet O. & de cet I. mineures, donnent une connoiſſance entiere de la verité de mes principes, & de leur utilité: Dans les quatre parties de l'O. qu'ils établiſſent, on eſt bien éloigné de remarquer quand les plains naiſſans & finiſſans du premier demi cercle, ſont en partie plates ou en pointe, trop épais, trop maigres, tremblés ou égratignés; & enfin quantité d'autres fautes qui regardent les autres parties de cet O. & par conſéquent les mineures. Ce n'eſt pas ſans ſujet ſi je parle ainſi, & je me trouve dans l'obligation de faire ce détail, que j'aurois bien voulu me diſpenſer de faire.

La cinquiéme Table repreſente la plus grande partie des fautes qui ſe font dans l'Ecriture, laquelle eſt fort inſtructive. J'y parle de celles de la gravûre. *

* J'ai fait graver en bois les Lettres des Alphabets des trois caracteres ſur chacune de quelles il eſt fait une explication en obſervant que le bois ne peut pas eſtre ſi net.

La ſixiéme Table eſt formée d'explications des termes de l'Art, pour ceux qui ne les connoiſſent point.

On trouvera peut-être extraordinaire que j'aye détaché mes Tables des dix Chapitres pour en former une autre partie; effectivement il paroît naturel qu'ils ſoient placés dans les endroits des Chapitres, où il en eſt parlé; mais comme j'ai regardé que cela pourroit embaraſſer ceux qui ne veulent pas approfondir, en voyant des choſes qui leurs paroîtroient plus dificiles à pénétrer qu'elles ne le ſont, pourroient leur donner quelque répugnance; & par-là retarder le progrès qu'ils doivent faire dans la premiere partie; à quoy j'ai voulu remédier par cette diſtinction. A l'égard de la diſtribution des liaiſons de rondeurs à rondeurs, & de jambages à rondeurs, j'en aurois bien fait une Table, mais comme elle m'a paru inutile, attendu que les modeles d'écriture de ce Livre, forment chacunes en elles cette Table, ainſi que la hauteur & largeur des majeures & mineures dont la piéce des Alphabets rend raiſon; j'ai crû n'en devoir point faire.

LES NOUVEAUX PRINCIPES DE L'ART D'ECRIRE, OU LA VRAYE METHODE D'Y EXCELLER SANS MAISTRE.

CHAPITRE PREMIER.

Contenant l'utilité de chaque caractere, selon les differentes affaires pour lesquelles on est destiné.

Demande. COMBIEN y a-t'il de Caracteres dans ce Païs?
Réponse. De quatre sortes.
Demande. Qui sont-ils?
Réponse. La Lettre Gotique, la Ronde, l'Italienne, & la Coulée de pied en tête.
Demande. Quel est le caractere de ce Royaume?
Réponse. C'est la Lettre Ronde que l'on nomme ainsi vulgairement, & que l'on doit nommer Caractere François.

D. A quel usage s'en sert-on?

R. Aux Lettres Patentes, de Graces, de Remission &c. aux Etats du Roy, pour les Originaux d'Arrests, & pour tous les comptes de conséquence, & autres qui se rendent à la Chambre par les Personnes qui sont revêtuës de Charges ou Employs comptables.

D. N'employe-t'on ce caractere que pour ce qu'il vient d'être dit?

R. On l'employe pour toutes les Expeditions de Procédures de toutes Jurisdictions; ainsi que pour ce qui regarde le *Notariat*, *&c.*

D. De quel caractere se sert-on dans les Bureaux, & Affaires de Sa Majesté?

R. De tous les differens caracteres; par exemple, dans un Etat de Recette & de Dépense, on y employera jusqu'à la Lettre Romaine dans tout ce qui peut être fait de plus beau ; & cela pour distinguer plus aisément un sujet d'avec un autre.

D. A quoy fait-on servir la Lettre Italienne ?

R. Elle est titulaire généralement de tous les differens Ouvrages, soit d'Etats, Bordereaux, Mémoires, & grands Livres, &c.

D. N'est-elle nécessaire que pour les titres de ces Ouvrages ?

R. Non seulement pour cela, mais encore pour ce qui concerne le corps des Extraits, Mémoires au Conseil, & les Lettres entieres qui servent aux personnes de distinction.

D. Quel est celui des Placets à leurs Majestés, aux Princes, & aux Puissances ?

R. Celui dont on vient de parler.

D. Pourquoy ?

R. Parce qu'il leur est le plus commode à lire, & que nous devons chercher ce qui peut attirer le plus leur attention.

D. Les Affaires du Commerce n'ont-elles pas un caractere qui leur est affecté ?

R. C'est la Lettre Coulée, penchée de pied en tête qui est la plus convenable à cet égard, tant pour les articles du Journal, que du grand Livre, &c.

D. Ne peut-on pas s'en servir dans les Bureaux ?

R. Oüi ? mais il faut la former lisible & bien libre.

D. Quels sont les Ouvrages où ce caractere convient le mieux ?

R. Pour les Minuttes de toutes les Affaires de Pratiques & Finances, de Commerce, & Lettres Circulaires, &c.

CHAPITRE II.

Posture du corps, positions des bras & des mains.

D. N'Est-il pas nécessaire que les jambes soient allongées sous la Table ?

R. Ouy ? & que la gauche soit placée sur la droite.

D. Est-ce pour tous les caracteres dont vous parlés ?

R. Ce n'est que pour l'Italien & la Coulée ; à l'égard du caractere François, elles seront rangées l'une contre l'autre seulement.

D. Comment doit-on être assis, lorsqu'on veut écrire ?

R. Sur un siege proportionné à la hauteur de la Table : de maniere qu'étant assis, les coudes des bras ne soient ni trop élevés, ni baissés, & que le bras * droit puisse aller & venir sur le papier, sans gêne.

* C'est à dire depuis le coude jusqu'enfin

D. Dans quelle attitude le corps est-il ?

R. Il doit être penché d'un pied ou environ sur la Table, la tête sur la même ligne, & le côté gauche proche de la Table, distancié d'un doigt & demi, & le côté droit en sera éloigné de trois.

D. Le bras gauche doit-il être posé sur cette Table ?

R. Ouy, parce qu'il doit recevoir le corps dans l'inclination qu'il fait.

D. Quelle distance doit-on laisser entre le corps & le bras gauche ?

R. Elle doit être de cinq doigts, & poser ensuite ce bras sur la Table, avec un peu d'appui depuis le coude jusqu'à la main.

D. Le coude doit-il sortir la Table ?

R. Non, il y doit être entierement posé.

D. A quoy doit nous servir la main gauche ?

R. A tenir le papier de l'extremité des doigts, afin de le conduire de gauche à droite, & de droite à gauche, selon qu'il est besoin pour former la ligne d'Ecriture de gauche à droite, observant que le coin gauche du papier soit vis-à-vis le milieu du corps, quand on commencera une ligne.

D. Où la main gauche doit-elle être placée ?

R. Vis-à-vis la droite.

D. Le papier ne devroit-il pas rester à la même place, plûtôt que d'aller & venir ? & ne convient-il pas mieux au corps de faire ces mouvemens, pour porter le bras vers l'extremité du papier, quand il faut finir la ligne ?

R. C'est absolument une erreur de croire que le corps doit aller & venir, attendu que le bras droit perd sa liberté pour écrire à fur & à mesure que le corps est obligé de se pancher sur ce côté.

Positions du Bras droit sur la Table

D. Dans quelle attitude doit être le bras droit lorsqu'il se dispose à former le caractere François ?

R. Il doit être sur le deuxiéme degré oblique.

D. Qu'entendez-vous par-là ?

Réponse.

R. La deuxiéme position sur la Table, le coude doit estre éloigné du corps, environ de dix doigts.

D. Combien y a-t'il de positions de bras ?

R. De trois sortes. La premiere est lorsque le bras est sur la ligne à plomb ; c'est-à-dire depuis le coude jusqu'aux doigts, mais qui n'est établie que pour reconnoître les autres.

La deuxiéme position est oblique, qui éloigne le coude du côté droit du corps, environ de cinq doigts de large, qui est celle du caractere Italien, & celui de la Coulée penchée de pied en tête.

La troisiéme est un dégré plus oblique, & environ une fois le coude plus ouvert, laquelle position est celle qu'il convient pour le caractere François, dont on vient de parler.

D. A quoy sont utiles les positions des bras dont vous parlés ?

R. Voyés la premiere Table où elles sont établies sur les lignes du point qui est désigné par l'Etoile.

D. Expliquez-nous la nécessité qu'il y a de les observer ?

R. Elles sont indispensables, attendu qu'elles disposent les doigts à une action plus puissante & plus libre pour le deuxiéme comme pour le troisiéme degré ou position, soit envers les mineures, soit envers les majeures.

D. Vous dites, soit envers les majeures ; est-ce qu'à l'égard des majeures, elles peuvent en faciliter l'execution en quelque chose ?

R. Oüi, parce que le bras se trouvant sur la position convenable pour la forme des caracteres majeurs que l'on voudra produire, il est plus aisé de les établir, soit sur la ligne à plomb pour le caractere François, soit sur celle oblique pour l'Italien & la Coulée.

D. Quelle raison apportés-vous pour prouver que les doigts ont une action plus aisée envers le caractere François, ainsi que pour les deux autres, par les positions que vous leurs destinés ?

R. La voici. Que l'on essaye à descendre une ligne avec une plume, le bras sur la position à plomb, on remarque que les doigts ne peuvent pas la continuer, si longue que lorsque le bras est oblique au premier dégré, & par conséquent au deuxiéme dégré, qui est celle du caractere François, dont il est à conclure qu'étant plus puissantes chacunes à leur destination ; elles sont sans doute plus libres : ce qu'il est necessaire d'observer.

D. Ne faut-il pas que le coude du bras droit déborde la Table ?

R. Oüi, il doit sortir de la Table environ de cinq doigts ; mais moins pour la position du bras qui convient au caractere François, que pour celle de l'Italien, &c.

D. N'est-il pas de fausses positions de bras ?

R. Sans doute qu'il s'en peut établir de mauvaises & contraires à celles dont je viens de parler, & qui diminuent la puissance de l'action des doigts.

D. Est-il nécessaire de les expliquer ?

R. Non, l'explication en seroit plus longue qu'utile, au surplus ceux qui voudront les connoître, doivent étudier les explications du point donné, désigné par l'Etoile dans la premiere Table des mouvemens.

SITUATIONS DU BRAS DROIT.

D. Qu'est-ce que situation du bras ?

R. On doit entendre que les situations sont differentes des positions, & que dans chaques positions du bras, toutes les situations y sont contenuës.

D. A quel endroit du bras les situations commencent-elles ?

R. Depuis le coude jusqu'au bout des doigts.

D. Dites-nous combien il y en a ?

R. Trois, la premiere* ne nous sert que pour connoître les deux autres qui nous sont nécessaires ; la deuxiéme situation est lorsque le bras est penché à gauche du premier degré seulement, sur laquelle nous produisons tous les plains des mineures de tous Caracteres, & les déliés qui proviennent du mouvement du poignet, & non pour la liaison des mineures. La troisiéme situation & deuxiéme degré oblique provient du mouvement du coude, qui met le bras & la main plus penchée ou inclinée à gauche, par laquelle inclination la Plume se trouve sur le coin de l'angle, sur lequel côté on forme les liaisons des mineures de tous les Caracteres dont on se sert ; lesquelles liaisons se produisent par l'action des doigts, le pouce mouvant le premier pour cet effet, comme pour les autres montans, plains & déliés.

*Celle à plomb.

D. N'est-il point quelques circonstances à observer envers cette derniere situation ?

R. Il faut prendre garde de ne point mettre la main sur un tems trop chancelant, ce qui arrive lorsqu'elle est sur l'extrémité des deux doigts, dont les liaisons sont moins vives par trop d'inclination du bras.

D. N'est-il pas d'autres situations de bras.

R. Oüi, mais elles sont inutiles.

D. Les Caracteres expediés doivent-ils se faire sur ces situations ?

R. Sans doute sur la troisiéme & derniere, parce que la main est sur un tems libre & propre à ce genre,

C

attendu que la main étant moins posée ou moins engagée sur le papier, elle est par conséquent dans une attitude convenable à l'expédition.

D. Ne pourroit-on pas former les Lettres mineures de l'Ecriture sur cette troisiéme situation de bras, excepté les liaisons?

R. On le peut faire; mais la main n'étant pas assés solidement posée pour former les Lettres régulieres telles que les Principes les demandent, & ce dans les jambages & rondeurs desdites mineures: c'est pourquoi on ne doit se servir de la derniere situation que pour le Caractere aisé, & l'Ecriture expediée seulement.

D. Ne pouriés-vous pas donner une autre raison?

R. Oüi.

D. Dites-nous-là.

R. Que formant toutes les rondeurs & jambages des Lettres mineures sur cette situation, il faudroit pour avoir liaison d'un jambage, former encore une quatriéme situation, qui est aussi une inclination du bras vers la gauche; qui par conséquent renverseroit trop la main, & gêneroit à un point excessif les mouvemens des doigts; lorsqu'il s'agiroit d'établir les liaisons; dans laquelle operation [je dis attitude] on remarquera que la main tremble par le peu d'assiette qu'elle reçoit de cette situation,

D. Cela cause-t'il autant d'accidens à une jeune main, qu'à une qui est plus âgée?

R. Il y a peu de difference, & quand il n'y en auroit point, il seroit inutile de faire un mouvement plus grand qu'il n'est besoin.

D. Sur quelle partie la main doit-elle se poser sur la Table après y avoir posé le bras, & lorsqu'il faut écrire les caracteres réguliers.

R. Sur le côté du petit doigt, ou côté droit de la main, depuis environ le premier tiers, vers le poignet, jusqu'environ la derniere jointure du petit doigt, & non sur son extremité.

D. Doit-elle être posée de même pour les liaisons des mineures, comme pour les jambages? &c.

R. Non, c'est alors qu'elle se trouve sur l'extremité du petit doigt par le mouvement incliné, que la main fait à gauche pour former la liaison, lequel mouvement met le bras sur la troisiéme situation.

D. Ce mouvement ne fait-il point appercevoir du jour à quelque endroit de la main?

R. Oüi, il doit en paroître un pour lors à l'endroit de la premiere jointure du petit doigt.

CHAPITRE III.

De la Taille de la Plume.

Demande. COMMENT tenez-vous le Ganif pour tailler la Plume?

Réponse. Il faut le tenir de la main droite, la lame sortant entierement de la main entre le doigt indice & le pouce, lequel Ganif sera soutenu & serré dans la main, par les extremités des quatre doigts, & non du pouce, lesquels mouveront, selon qu'il sera plus ou moins besoin pour la coupe des Plumes.

D. De quelle maniere tenez-vous la Plume pour la tailler?

R. Je la tiens de la main gauche, laquelle sera posée à son tuyau sur l'extremité du doigt indice, sur le majeur qui sera plus allongé que l'autre; ensuite le pouce sera placé dessus, afin de la tenir ferme pour la couper.

D. Expliquez-nous la maniere dont on doit la couper?

R. On commencera par former les deux petites ouvertures du bout, tant du dos, que du ventre de cette Plume: Après quoy, on fera une petite fente au milieu de l'ouverture de ce dos, qui n'est faite que pour faciliter la grande fente, qu'il faut faire ensuite avec le bout du manche du Ganif qui aura été introduit dans la plume.

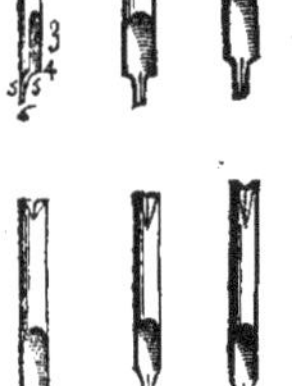

D. Quels sont les mouvemens que les deux mains font pour cette fente.

R. La main droite léve vîte le manche du Ganif, afin que la plume soit fenduë plus nette, & la gauche la tient ferme dans les doigts, le pouce de laquelle se place plus bas ou plus haut, selon qu'il convient faire cette fente plus ou moins haute, à proportion de la dureté ou de la molesse de la Plume.

D. Pourquoi faut-il observer que le pouce soit mis, ou plus haut, ou plus bas?

R. Parce qu'il faut moins fendre les Plumes qui sont molles, que celles qui sont fermes, & que c'est le pouce, qui par son appuy termine la fente plus ou moins longue.

D. Que faites-vous après cette operation?

R. Je forme ensuite le grand tail par une grande ouverture sur son ventre, d'une fois plus haut que n'est la fente de cette Plume.

Nota, le Chiffre 1. designe le Dos de la Plume. 2. le Ventre. 3. le grand Tail. 4. les Carnes. 5. le Bec. 6. la Fente.

D. Après avoir fait l'ouverture du grand tail, que faut-il faire ?

R. On coupera en cavant les deux côtés de la Plume, le gauche & le droit suffisamment, & à proportion de la grosseur dont on voudra faire ce bec pour un caractere gros, moyen, ou petit ; observant que l'angle du côté du pouce [ou côté gauche] soit un peu plus large que l'autre pour les caracteres réguliers.

D. La fente de la Plume doit-elle être plus haute que les carnes ?

R. Non, il faut qu'elle finisse vis-à-vis, parce que plus haute pour une Plume un peu ferme, elle ne conserveroit pas assez l'Encre ; & pour une molle, environ la moitié de la hauteur seulement du bec.

D. Ne faut-il rien observer quand on forme le bec de cette Plume ?

R. Il faut bien prendre garde de ne point tenir le Ganif oblique sur son trenchant, mais horisontalement, ou couché, parce qu'oblique, il affoiblit l'angle de la Plume en dedans du côté où il forme ce bec, ce qui peut arriver aussi en dehors d'un côté comme de l'autre de ce bec.

D. Que peut-il arriver dé-là ?

R. Que la Plume s'émoussera, & cela à l'endroit de l'angle qui aura été affoibli ; & par conséquent si c'est celui du côté du poulce, produira de grosses liaisons qui seront inégales, même dans leurs épaisseurs.

D. Que faut-il faire pour achever le bec de cette Plume ?

R. Après avoir observé ce qu'il vient d'être dit, on introduira une autre Plume propre à entrer dans cette premiere sans gêne, ni avec trop de facilité, afin que le bec que l'on veut achever ne porte point à faux, ou ne fasse un petit écart : ce qui rendroit le dernier coup défectueux. De cette maniere comme de l'autre ayant prévenu tous ces accidens, on coupera légerement un peu du dessus du bec immédiatement, après cela on donnera le dernier coup de ganif propre à achever ou former le bout de ce bec oblique pour les Caracteres réguliers, & pour cet effet la lame sera posée sur le bout du bec de cette Plume aussi oblique de gauche à droite, ce qui doit faire l'angle du pouce plus long que celui du côté des doigts, & ce pour les trois Caracteres, François ; Italien, &c.

D. Que doit-on observer pour les Plumes qui sont foibles ?

R. De former le bec moins long, & de ne le point décharger qu'à proportion du plus ou du moins de fermeté que l'on reconnoîtra à la Plume.

D. Qu'observez-vous pour la Plume qui sert à l'Expedition ?

R. Le bec doit être en fausset, & les deux angles presque égaux & non déchargez ; mais pour une Ecriture moins vîte, le bec doit être moins en fausset & un peu déchargé, observant pour ceci ce que j'ai dit ci-dessus concernant le plus ou moins de fermeté du tuyau de la Plume.

D. Quelle est la Plume dont on se sert pour les Capitales ?

R. C'est la Plume à traits.

D. Ne faut-il pas qu'elle soit très-fine ?

R. Oüi ? & le bec bien fendu, sans être déchargé à son extrémité, & l'angle du côté du pouce plus court que celui des doigts.

D. D'où peut provenir la cause qu'une Plume éclabousse ?

R. De trois. La premiere lorsque l'angle des doigts se trouve trop affoibli en-dessus pour l'avoir trop déchargé, soit en faisant l'angle du pouce, ou celui du côté des doigts plus menu qu'il ne doit être. La seconde provient d'une fente mal faite en biaisant l'épaisseur du tuyau de la Plume, & le bec trop long : Et la troisiéme, pour être tenuë trop droite ou trop mollement sur un gros grain de papier ou sur un papier trop verni.

CHAPITRE IV.

De la tenuë de la Plume, du mouvement des doigts & du poignet.

Demande. COMMENT la Plume doit-elle être tenuë ?

Réponse. De l'extrêmité des trois doigts de la main droite ; sçavoir, le pouce, l'indice & le majeur, laquelle Plume passera le long dudit doigt entre la deuxiéme & derniere jointure. *

D. Dites-nous comment elle doit être placée entre les doigts ?

R. Elle doit être sur le milieu du côté du doigt majeur, laissant une distance d'environ quatre lignes entre l'ongle & cette Plume, lequel doigt sera fléchi dans toutes ses jointures ; l'indice sera rangé sur le majeur dans la même attitude couvrant à son extrêmité un peu la Plume, laquelle passera entre la deuxiéme & derniere jointure ; le pouce sera (ainsi que les deux autres doigts) fléchi dans toutes ses jointures, lesquelles seront sur le premier tems fléchis ; voyez pour la connoissance des trois tems, la Table de l'explication des mouvemens, lequel pouce recevra la Plume sur le milieu de son côté en dessus la main un intervalle entre la Plume & l'ongle d'environ trois lignes, afin que cette Plume ne se trouve point couverte.

* On doit plûtôt dire entre la premiere & la seconde jointure, parce que c'est naturellement la jointure ou racine du doigt.

D. Que deviennent les deux autres doigts ?

R. Ils sont beaucoup plus fléchis ou détachez des trois autres doigts, * c'est-à-dire, à proportion de la hauteur du caractere, pour la forme duquel il conviendra les laisser plus ou moins séparés : ce qui prouve une facilité aux trois doigts pour former les Lettres mineures de tous caracteres.

* Pour les petits caracteres d'un demi travers de doigt, pour ceux de moyenne grosseur de deux ou deux & demi, & pour ceux qui sont gros, de trois ou trois & demi.

D. Quel mouvement font les deux doigts lorsque les trois se trouvent embarrassés pour achever un mot, ou quelques parties de Lettre, parce que les deux doigts servent de pivot ?

R. Il faut alors se reposer un peu sur le bec de la Plume, & faire un petit soulevement de la main qui livre passage aux deux doigts du dessous, lesquels se rangent sans perdre de tems, vis-à-vis les trois doigts dans la même distance qu'il convient, ce que l'on observera tout autant qu'il en sera besoin.

D. Le bras n'est-il pas obligé de se transporter, afin qu'il ne se trouve point aussi gêné ?

R. Oüi, il convient faire ce transport en soulevant le bras de gauche à droite.

D. Ce dégagement des doigts se peut-il faire dans le même tems que celui du bras?

R. Il convient mieux que les deux doigts commencent à se dégager, ou se placer vis-à-vis les trois, avant que le bras se transporte.

D. La Plume tenuë ou placée plus basse que la deuxiéme jointure de l'indice peut-elle causer quelques accidens envers les productions des caracteres.

R. Plus elle est basse ou couchée, & plus elle affoiblit les jambages mineures, &c. attendu qu'elle est moins serrée dans les parties montantes des Lettres o. d. &c. qu'elle ne se trouve dans les parties des Lettres mineures descendantes, comme aux premiers demi-cercles desdits o. d.

D. Quoique la Figure ci à côté represente la tenuë de Plume convenable aux effets qu'elle doit produire ; dites-nous ce qui pourroit arriver, le doigt majeur étant roide ou point fléchi ; le pouce plus haut ou plus bas, & l'indice croche ou trop allongé, &c ?

R. Le doigt majeur soutenant la Plume dans une attitude trop allongée & roide, empêche les deux autres doigts de former les Caracteres avec douceur & facilité, & dans lesquels on y remarque un air dur plus aux parties montantes qu'aux autres ; le doigt indice trop allongé & sans flection, produit à peu près les mêmes accidens que le majeur ; * le pouce aussi plus allongé qu'il ne doit être ne peut point former de parties montantes, soit pleins ou déliés, sans l'aide d'un mouvement secret du bras, lequel est étranger & faux, & duquel d'ailleurs on est moins sûr de former les Figures.

* Attendu qu'un doigt qui s'oppose en quelque sorte à la flection de l'autre, empêche, comme je viens de dire, de former aisément les parties de Lettres mineures.

D. Pourquoi dites-vous dans la seconde demande de ce Chapitre que le pouce ne doit point couvrir la Plume ?

R. Le pouce ne doit pas couvrir la Plume pour aucuns dégrés de grosseur des trois Caracteres, ce qu'il faut observer avec plus d'attention pour le Caractere titulaire ; parce que ces deux doigts étant proches l'un de l'autre, ils se touchent à la moindre action qu'ils font pour former les queuës descendantes des Lettres mineures : ce qui rend ces parties défectueuses & plus difficiles à soutenir, que lorsque ce pouce sera placé comme il doit l'être pour la forme de ces queuës, c'est-à-dire, en ne couvrant point entierement la Plume.

D. Les mains qui ont vieilli dans une longue habitude d'écrire sans faire cette attention, peuvent-elles se trouver dans le cas de former des parties défectueuses?

R. Elles peuvent le faire, mais elles ne sont pas moins gênées interieurement : il n'y a que la grande habitude qui empêche d'appercevoir ces défectuosités dans les Lettres mineures.

D. Les differentes grosseurs des trois Caracteres ne demandent-elles point quelque différence dans la tenuë de Plume ?

R. Quoiqu'il y ait quelque différence pour les petits Caracteres réguliers en tenant la Plume un peu plus basse, que pour les moyens & les gros : cependant cette différence regarde encore plus le pouce que les deux autres doigts, lequel sera à son extrémité presque vis-à-vis celle du doigt indice ; pour les Caracteres de moyenne grosseur, il sera mis plus haut, & par conséquent encore plus pour les gros Caracteres, * observant que quelque gros qu'ils soient, le pouce à son extrémité ne se trouve plus élevé que l'indice, que de la largeur environ du bout de ce doigt indice, ou de quelqu'autres.

* Ainsi que pour celui expedié ou broché, pour procurer une action plus prompte.

D. Vous ne nous dites point combien elle doit sortir des doigts ?

R. Elle doit sortir du majeur pour les petits Caracteres réguliers, environ depuis le bec jusqu'au milieu du grand Tail. Il est aisé de voir par-là ce qu'il convient observer pour les autres grosseurs des Caracteres, en la faisant sortir un peu plus longue pour les gros caracteres.

D. Ne peut-on point se passer de l'action des doigts, c'est-à-dire, de celle de la premiere jointure du pouce ?

R. Les mains tremblantes ou celles qui ont reçû quelques accidens à ce doigt, peuvent se servir de la deuxiéme jointure du pouce, laquelle fléchira en place de la premiere de ce pouce, par lequel moyen la main sera plus ferme.

D. Que faut-il encore observer pour les mains tremblantes ?

R.

R. Il faut que les deux derniers doigts du dessous soient moins détachés qu'ils ne doivent être pour les mains plus fermes, & l'on peut encore placer l'extrémité du pouce plus bas que celle de l'indice, en le faisant mouvoir à sa premiere jointure, & non à la deuxiéme.

D. Que faut-il observer encore lorsque l'on a les mains tremblantes ?

R. Il faut que les deux doigts du dessous soient moins détachés qu'ils ne le sont ordinairement pour les mains plus fermes ; au surplus on peut encore placer l'extrémité du pouce plus basse que celle de l'indice en le faisant mouvoir pour la forme des Caracteres à sa premiere jointure, & non à la deuxiéme.

D. Comment les mains longues tiendront-elles la Plume ?

R. Les trois doigts plus arondis, ainsi que les deux autres plus fléchis ou plus détachés pour procurer plus de liberté à la main.

D. Que feront les doigts courts & larges à leurs extrémités ?

R. La Plume sera tenuë moins serrée, plus couchée, & plus haute, & les doigts moins fléchis que par les mains tremblantes. A l'égard des extrémités larges des doigts, on fera ensorte de couvrir la Plume le moins qu'il sera possible.

D. Ne faut-il pas faire fléchir ou plier la deuxiéme jointure du pouce conjointement à la premiere, lorsqu'il s'agit de produire une queuë longue à une Lettre mineure ?

R. Elle doit se joindre à la premiere jointure pour aider à la production de cette partie ; & pour y disposer cette jointure, il faudra (pour ceux qui l'auront roide) s'exercer sur une matiere rude, pliant les doigts & les allongeant au point de contraindre cette jointure à fléchir, pour ceux qui auront difficulté de la faire mouvoir, lequel exercice est plus utile qu'on ne pense.

D. Combien les doigts reçoivent-ils de tems ?

R. Quatre.

D. Qui sont-ils ?

R. Le tems allongé qui ne nous sert de rien. Le premier tems fléchi. Le deuxiéme plié ou fléchi, le troisiéme & dernier fléchi.

D. Sur quel tems doit-on être lorsqu'il s'agit d'écrire ?

R. Sur le premier tems fléchi, qui est établi dans la Table des mouvemens de la deuxiéme partie.

D. Pourquoi doivent-ils être sur le premier tems fléchi lorsque vous formez les Lettres mineures & majeures ?

R. Parce que commençant à former un o. * ou quelques autres Lettres mineures sur le tems allongé. Le pouce plie alors pour la formation du premier demi cercle, au bas duquel il est sur le premier tems fléchi, & de ce tems le pouce s'allonge pour former ce dernier demi cercle, mais qui ne peut pas monter plus haut que de ce qu'il a descendu, par conséquent n'a plus d'action ou de puissance à pouvoir élever ce dernier demi cercle pour une queuë de d. attendu que ce pouce est resté sur ce tems allongé : & comme il ne convient pas que cette queuë de d. soit achevée par le mouvement qui vient de la masse du bras pour lors posé dans presque toutes ses parties (qui rendroit la teste du d. mineur défectueuse) c'est pourquoi il faut commencer ce d. sur le premier tems fléchi, duquel on passe au deuxiéme pour achever le premier demi cercle, & duquel deuxiéme pour lors nous avons puissance d'élever la queuë de ce d. par l'action montante du pouce conjointement avec les autres doigts ; * on fera la même attention pour les Lettres l, b, f, &c. dont les liaisons s'élevent depuis le bas des jambages jusqu'au haut de ces têtes de Lettres mineures ; au surplus, il conviendroit pour le mieux que les doigts soient sur le premier temps flechi au commencement de la plûpart des mineures & majeures des trois Caracteres, tant réguliers, qu'expediés.

* pour un caractere convenable.

* Sans aucun secours étranger.

MOUVEMENS DU POIGNET.

D. Le Poignet au lieu des doigts, ne pouroit-il pas aider à monter ces parties ?

R. C'est une erreur de croire que le Poignet puisse monter des parties, telles que sont celles-là : attendu que le propre du mouvement de ce Poignet, est de former les deliés de droit à gauche, & de gauche à droit * qui se trouvent employés dans les mineures des trois Caracteres.

D. Ne pourroit-on pas mettre le pouce sur tous les tems fléchis, sans pour cela que les autres doigts fussent obligés d'y être ?

R. Non, il faut qu'ils soient tous au même dégré de fléxion ; parce que tenant tous ensemble la Plume, ils ne peuvent composer que deux mouvemens, l'un pliant & l'autre allongeant, * auquel mouvement il faut donner le nom d'action directe, parce que nous en avons une indirecte qui provient de la racine des doigts, & qui les fait mouvoir à droite & à gauche ; mais peu puissante, inutile & beaucoup plus lorsqu'ils sont joints ensemble pour tenir la Plume.

D. A quoi sert l'explication que vous venés de faire ?

R. A prouver que l'action du Poignet est absolument nécessaire, & qu'elle se joint à celle des doigts pour former toutes ces parties des Lettres mineures, suivant les explications des Lettres radicales ; voyés sa puissance dans la Table des Mouvemens aux figures des Lignes courbes & droites, où

* Dont la puissance du mouvement peut aller jusqu'au bout même de la ligne designée 7. dans l'explication des lignes du point designé par l'étoile de la table des mouvemens des jointures du bras.

* Ce qui forme deux temps.

l'on reconnoîtra qu'elle n'est point imaginaire, comme l'ont prétendu quelques Auteurs, qui n'en ont ni connu la beauté ni la necessité, & dont on se servira aussi pour les Majeures faites à main posée par l'action mixte de ce mouvement & de celui des doigts, mais qui devient inutile dans les Lettres faites à bras & main levée, attendu que celle du coude prend sa place lors de ces productions.

CHAPITRE V.

Des situations de Plume & de leurs mutations.

Demande. COMBIEN est-il de situations de Plume ?

Reponse. Il en est de trois, la premiere est la situation à face, la deuxiéme est celle de travers, & la troisiéme est nommée inverse.

D. De quelle maniere se placent-t'elles sur le papier pour les reconnoître ? Et faites en une explication ?

R. 1°. La situation à face se reconnoît quand la plume est posée à son bec sur la ligne horisontale, & que les deux angles du bec de cette Plume, celui du côté gauche & celui du droit ne soient inclinés d'aucuns côtés, le plein de laquelle est parfait sur la ligne perpendiculaire. 2°. La situation de travers est celle dont les deux angles du bec de la Plume sont entierement posés sur la ligne perpendiculaire, laquelle forme un plein parfait sur la ligne horizontale & sur d'autres degrés de lignes; les productions où les pleins formés de cette situation sont moins parfaits. 3°. La situation inverse se place sur la ligne horisontale, le grand tail en dessus.

D. N'est-il pas une situation oblique ?

R. Le nom de situation ne convient qu'à celles dont je viens de parler; & l'oblique que l'on prétend donner pour situation depuis long-tems, est une mutation de Plume de la situation à face à celle de travers, & qui n'est point situation, attendu que si elle recevoit ce nom, il conviendroit le donner à toutes les mutations obliques de la Plume, tant de celles qui appartiennent à la situation à face que de celles des deux autres situations.

D. Toutes personnes sont-elles obligées de se servir des trois situations dont vous venés de parler ?

R. Ceux qui veulent écrire le Caractere Italien, sont obligés de se servir de la situation à face, & quelquefois de celle de travers pour certaines majeures seulement; à l'égard de celle inverse, elle regarde absolument les Maîtres de l'Art & les Curieux.

D. A quoi nous sert la situation à face ?

R. Pour former tout le Caractere Italien mineur & partie des majeures.

D. Cette situation que vous destinés à ce Caractere, ne forme-t'elle pas les lettres trop grosses, ou trop mattes ?

R. Non, parce que ce Caractere doit avoir huit becs de Plume de haut, au lieu de sept & demi que plusieurs de ceux qui enseignent ont établis à moins qu'on ne produise ce caractere sur la premiere ou seconde mutation.

D. N'avés-vous point d'autres raisons qui autorisent à former ce Caractere de cette situation ?

R. Que l'on fasse attention qu'un plein (produit par la situation à face que l'on destine pour le Caractere Italien) reçoit deux causes de diminution par raport à ce que ce Caractere s'établit sur une ligne oblique, qui occasionne une diminution de deux degrés; lesquelles diminutions sont suffisantes pour ne point remarquer un air matte dans le Caractere; c'est pourquoi on ne doit point se servir des mutations de Plumes qui diminuent encore les pleins ou jambages des Lettres mineures; parce que ces diminutions de pleins qui ont lieu dans les jambages * se trouvent en augmentation sur les rondeurs des Lettres m, c, e, u, &c. de sorte qu'au lieu de finir ces rondeurs dans les degrés de diminutions naturelles des principes; elles se trouvent au contraire plus épaisses qu'elles ne doivent l'être *, & plus encore lorsque la Plume tourne lors de la production, ce dont j'ai parlé dans ma dissertation; au surplus il est aisé (la Plume à la main) de remarquer la difference des deux productions.

* Ainsi que dans toutes les autres mineures.

* Ce qui arrive aussi encore par trop d'apui.

D. Ne peut-on pas se servir de cette situation à face pour les deux autres Caracteres, qui sont le François & la Coullée.

R. C'est alors que ces Caracteres deviendroient trop mattes, & qu'il convient se servir des mutations de Plumes sur lesquelles nous devons former les deux Caracteres le François & la coulée de pied en tête; attendu que l'un s'établit sur la ligne perpendiculaire, & que l'autre doit recevoir un air leste ou leger, dont les mutations sont les plus convenables.

Mutations de Plume, de la situation à face à celle de travers, dont nous devons nous servir pour nos Mineures & partie des Majeures.

D. Qu'entendés-vous par mutation de Plume ?

R. On doit entendre que ce sont des changemens de Plume qui arrivent sur chaques situations, ce qui provient du mouvement des doigts qui fait incliner la plume plus ou moins qu'il est besoin.

D. Sur quel degré de mutation de Plume doit-on estre pour ces deux Caracteres?

R. Sur le second degré de mutation pour le Caractere François comme pour celui de la Coulée, lesquels degrés sont établis dans la 2e démonstration de la table des effets de Plume, ces plains sont établis dans chacune des colonnes, & désignés par les Plumes en huit degrez.

D. Vous établissés dans la deuxiéme démonstration de la table des effets de Plume, une grande quantité de mutations.

R. Il est vrai qu'il y a 16 mutations de Plumes suivant ce qui est établi dans la deuxiéme démonstration, & par conséquent 16 productions différences en diminutions * les unes des autres; mais comme ces diminutions toutes prouvées qu'elles soient ne font pas chacunes en elles un objet assez considerable pour y donner son attention: c'est pourquoi elles se trouvent converties ou établies en 8 degrés seulement, qu'il est absolument nécessaire de connoître pour les mettre en usage dans les mineures & majeures des trois Caracteres.

* Et d'autant de degrez d'augmentations sur les lignes convenables.

D. De quel côté entendés-vous que ces mutations nous sont utiles?

R. Du côté gauche, celles du droit ne nous servans de rien, quoi qu'en même nombre que de celles du côté gauche.

D. Comment reconnoîtra-t'on quand un jambage ou un plain est formé par une situation ou par une mutation de Plume?

R. Il est aisé de reconnoître la situation où la mutation de Plume qui aura formé ce jambage, & cela à un bout du plain ou à l'autre qui représente toûjours la situation où la mutation de plume qui aura formé ce jambage, parce que si c'est de la situation à face, le coin gauche & le droit de ce plain se trouveront de même hauteur ou horisontalement. Si c'est par une mutation de Plume on remarquera que les deux coins ne seront point égaux à proportion du plus ou du moins d'obliquité que l'on fera recevoir à la Plume lors de la production.

D. Les mutations de Plume sont-elles nécessaires pour les majeures?

R. Oüi, parce qu'il est des mutations, même des situations de Plumes qui aident chacunes en elles à la formation de ces majeures, par exemple, la Lettre C. majeure Françoise, faite de la situation à face, convient moins pour bien former ce C. que le 3e ou 4e degrés de Plume oblique ou mutations, ainsi des autres majeures des trois Caracteres.

CHAPITRE VI.

Sur la necessité d'exercer les mouvemens des jointures du bras droit & des doigts sur le modele de la piéce de traits, où sont établies les lignes mixtes & aspiralles, qui sont les figures sur lesquelles on doit se former la main.

Demande. QUelle nécessité trouvés-vous d'exercer les figures de lignes mixtes & aspirales? &c.

Reponse. Je trouve cet exercice si nécessaire, que je ne crois pas que l'on puisse jamais écrire librement, si l'on ne pratique non seulement ces figures; mais encore les passes ou abreviations.

D. Ceux qui n'apprennent point pour être Maîtres, ont-ils besoin de faire toutes ces figures?

R. On ne peut pas se dispenser de se rendre la main libre, & par consequent d'exercer les mouvemens du bras & des doigts sur ces figures, parce qu'elles representent toutes les parties des majeures; c'est-à-dire, que ces majeures tirent leurs origines de ces deux figures, & que d'ailleurs il faut débroüiller les mouvemens.

D. Cela peut donc suffire pour avoir cette liberté?

R. Non, il faut après avoir connu & exercé toutes les parties de ces lignes, & après avoir senti les deux becs de la Plume sur le papier, former ensuite les Lettres majeures du mouvement composé; c'est-à-dire des doigts & du poignet à bras posé, pour prendre l'esprit de la forme: après quoi on les produira [le bras levé,] de l'action du bras & des doigts conjointement; mais fort lentement dans les premiers tems afin que par la lenteur on puisse avoir le tems de reconnoître quand les doigts viennent au secours du bras, & le bras à celui des doigts, & par là se reformer sur une partie qui naîtra trop platte ou trop courbe selon le cas, ou ce que la figure requiert alors.

D. Faudra-t'il toûjours former lentement ces majeures?

R. Quand on sentira les mouvemens du bras & des doigts plus familiers sur la forme des majeures, c'est alors que l'on les produira plus vite qu'auparavant, dont on augmentera les degrés à proportion du progrés que l'on fera; en observant que cela ne nous conduise point au mouvement trop précipité ou brusqué, dont il résulte des irrégularités dans les majeures.

D. De combien de manieres, peut-on former ces figures radicales majeures?

R. De deux. La premiere à bras posé à sa deuxiéme partie de l'action mixte des doigts & du poignet, & la deuxiéme le bras levé de l'action des jointures du bras & des doigts conjointement.

D. Est-il besoin de l'action des doigts, lorsqu'il s'agit de produire les figures libres, comme sont les majeures, &c ?

R. L'action des doigts se doit joindre avec celle du bras pour mitiger l'irrégularité des jointures de ce bras, & pour en adoucir les parties plattes, ou carnes, qui pouroient être faites sur les majeures, &c.

D. Quelle raison apportez-vous ?

R. Que l'action des doigts étant plus proche de la Plume, que celle du bras, ainsi que leur extrémité où se terminent les nerfs qui sont le principe du mouvement, leurs donnent la capacité de corriger l'irrégularité des deux jointures du bras, parce qu'ils ont plus de souplesse & de précision naturellement que le bras.

D. Les majeures ne peuvent-elles pas se former par l'action des mouvemens des deux jointures du bras, sans l'aide de celle des doigts ?

R. Le bras peut bien former sans l'aide des doigts, toutes majeures capitales, &c. mais plus irrégulierement, s'il n'est exercé beaucoup plus que les doigts, & qui perd plûtôt la forme des majeures & parties libres, pour peu qu'on soit sans travailler.

D. Mais les doigts se joignant au bras, ne diminuent-ils pas la vivacité des traits de Plume ?

R. Il est constant que cela diminuë un peu la vivacité qui provient de la production des deux premieres jointures du bras ; mais aussi l'action des doigts procure beaucoup plus de facilité, de sureté, & de justesse, lors de la confection ou formation d'une majeure.

D. Vous prétendez-donc que l'action des doigts qui se joint à celle du bras, diminuë la vivacité des deux premieres jointures de ce bras ?

R. Oüi, parce que l'action des doigts commence la premiere à former les lignes mixtes ou aspirales des majeures, ainsi celles des deux jointures du bras étant obligées de la suivre, lesquelles se trouvent plus contenues & bornées, que lors que le bras seul produit les majeures dont l'effort est beaucoup plus brusque.

D. D'où proviennent les parties plattes que l'on remarque dans les majeures ?

R. Du mauvais accord des mouvemens sur les majeures, comme sur les mineures.

D. Puisque vous dites que l'action des doigts adoucit ces parties, cela ne peut provenir du mauvais accord des mouvemens ?

R. Cela vient absolument de cette cause par le peu de pratique ou d'exercice qu'on a fait, ou quoiqu'exercé pour avoir été du tems sans travailler, ou pour avoir fatigué le bras & les doigts par quelques rudes travaux, ou par les débauches.

D. N'est-il pas encore quelqu'autres causes qui donnent lieu à ces mauvaises productions ?

R. Par trop de précipitation, quoique d'une main exercée ; par trop de lenteur, lorsqu'il n'en est plus besoin ; c'est-à-dire pour vouloir se faire un goût particulier de produire ces majeures aussi lentement que les mineures dans lesquelles on y apperçoit un air languissant, matte, comme si on avoit appliqué ces traits avec quelqu'autres instrumens que la Plume ; & enfin par trop de précipitation sans réflexion sur les principes, & encore par les fausses positions de bras, & les situations ou mutations de Plume, lors de la forme de ces lettres.

D. Dans quel tems convient-il former les majeures & les traits lentement ?

R. Dans les premieres exercices, comme j'ai déja dit, pour se former la main, * dont on augmentera le dégré de vitesse, à proportion du progrès que l'on aura fait ; mais que ces dégrés de vitesse ne tiennent point du brusque.

D. Ne peut-on pas se servir du mouvement égal, comme plusieurs l'enseignent.

R. Cela se pouroit, s'il étoit possible de produire toutes lettres mineures & majeures, sans repos, & qu'il ne fut pas besoin de conduire certaines parties de ces lettres avec plus de ménagement que d'autres ; ou avec plus de vivacité ; c'est alors qu'il conviendroit se servir du mouvement égal, lequel doit avoir ses distinctions ; parce qu'il y a lent, * le vif & le plus vif, mais il doit être défini de la maniere qui suit. J'entend qu'il peut être égal, pour tout ce qui est le corps régulier mineur des trois caracteres d'une grosseur titulaire & moyenne, & non pas égale pour les majeures, parce qu'elles doivent recevoir un mouvement plus vif que les mineures, & cependant cette égalité de mouvemens n'a lieu que dans les lettres majeures, où il n'est pas besoin du mouvement plus vif pour la confection ou formation de quelques unes de ces parties. Ainsi ce mouvement égal est peu de conséquence à connoître, puisqu'il ne regarde même que certaines parties des mineures.

D. A ces lettres d'une hauteur & largeur à pouvoir être faite par l'action mixte des doigts & du poignet, convient-il d'y joindre celles du bras ?

R. Il faut les former de l'action mixte des doigts & du poignet * le bras posé légerement à sa seconde partie, parce qu'il doit poser si peu sur la Table, qu'il soit en état de se transporter plus aisément de gauche à droite.

D. L'action des deux premieres jointures du bras, n'est donc employée avec celle des doigts * que pour la confection des capitales & des traits ?

R. Elle peut être employée à toutes sortes de hauteurs de Majeures & de Capitales que j'estime toû-

jours

* Sans s'embarasser si les figures sont tremblees, attendu qu'il ne s'agit pour lors que d'habituer les mouvemens aux contours des majeures, &c.

* Egalement lent pour les mineures, & pour les majeures, &c:

* Cela est assez indifferent pourvû que la forme soit également reguliere par les jointures du bras, ou bras levé, autrement il faut les produire par le petit mouvement mixte.

* Celle du poignet n'ayant plus de puissance & devenant inutile quand celle du coude prend sa place comme j'ai deja dit ailleurs.

jours, & que je reconnois la plus sçavante, quoiqu'en dise un de nos Auteurs Modernes qui établit positivement que l'action du bras levé est entierement contraire à celle des doigts lors de la formation des majeures & capitales, & qu'elle dérange l'œconomie des deux petits mouvemens des doigts & du poignet. Il n'a pas bien observé que l'action du poignet ne nous sert de rien quand celles du bras sont en mouvement, ce qui est aisé à reconnoître le bras étant nud *

D. N'est-il pas des personnes qui craignent plus que d'autres, lorsqu'il s'agit de produire des parties libres ?

R. Oüi, & cette crainte semble venir comme d'un sage conseil de la nature, pour se tenir en garde contre l'irrégularité; ensorte qu'il s'ensuit, pour ainsi dire, que plus on a d'esprit, plus la crainte de mal faire occupe celui qui s'instruit.

D. Quel moyen y a-t'il pour celui qui a trop de crainte, & pour celui qui n'en a pas assez ; car l'un fait des fautes par une cause, & l'autre par un autre?

R. Celui qui a trop de crainte doit prendre sur lui, & se faire une raison de produire les parties libres d'une maniere presqu'indifferente, afin que petit à petit il puisse les rendre familieres, & former de belles parties. Celui qui par une hardiesse de main sans reflexion, brusque tout ce qui se presente à son imagination, doit absolument s'assujettir * à produire lentement toutes ses parties, & ne pas se livrer à l'impétuosité de ses mouvemens, dont il résulte tant de mauvaises figures.

D. N'est-il pas quelqu'autres causes que celle que vous venés de dire ?

R. La crainte de mal produire ces majeures ou parties libres, vient encore d'avoir eu peu ou point d'exercice sur les traits, les majeures & passes, par le moyen desquels, les mouvemens du bras & des doigts s'affermissent, & la crainte se dissipe. Je fais observer, & je ne sçaurois trop le repeter, que cet exercice est le plus précieux pour acquerir la liberté, & quiconque ne le pratique point de la maniere que je l'enseigne, ne peut pas esperer de devenir jamais habile Ecrivain; parce qu'il est la source même de la liberté, & de la bonne grace des Lettres majeures, & même des mineures.

* Il reçoit à bras levé une action indirecte, ou impuissante par le mouvement des nerfs des doigts, & qui ne peut donner aucuns secours visible quand celle du coude prend sa place, il est bien vray que cela se pourroit, mais ces deux mouvemens ayant le même propre, c'est pourquoi il convient se servir du plus puissant, qui est celui du coude.

* Et cela jusqu'au temps qu'il se soit réformé.

CAPITRE VII.

Sur le moyen de former les Lettres majeures Françoises.

Ligne mixte. *Ligne aspirale.* Ronde.

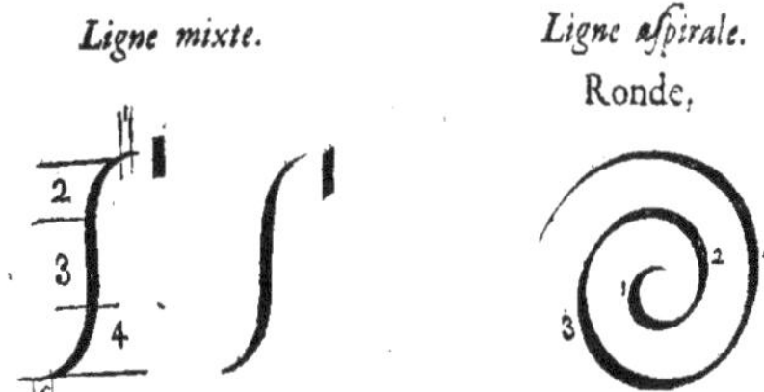

D. AVant que de parler de chaque Lettre en particulier, dites-nous quelles sont les figures radicales majeures; c'est-à-dire d'où ces Lettres tirent leurs origines ?

R. De deux figures ou lignes; sçavoir de la mixte & de l'aspirale, formant non-seulement toutes les Lettres majeures, mais encore tout ce qui peut être fait de traits d'ornement pour l'écriture.

D. Combien ces lignes ont-elles de parties?

R. La ligne mixte est composée sçavoir de cinq parties, deux déliés, & deux plains courbes, l'un naissant, & l'autre finissant, & d'une partie droite. La ligne aspirale est formée de trois parties ou de trois moitié de cercles, que l'on peut bien diviser en douze parties, étant formée par une Plume convenable à donner des plains naissans & finissans dans chaques parties de cercles, laquelle se commence par bien des manieres, & reçoit beaucoup de differentes pentes ou situations. *

* Qui se forme ovalique & ronde. Voyez la Table des figures radicales majeures.

D. Qu'entendés-vous par plains naissans & finissans ?

R. Que toute partie qui suit un délié, est un plain naissant, du moment même que l'on commence à apercevoir une difference de grosseur au bout du délié; je nomme plain finissant, tous plains, desquels on commence à reconnoître une diminution d'épaisseur, & qui est conduite au terme de recevoir à son extremité un délié, excepté les deux dernieres parties des Lettres o. mineures des trois caracteres, quoique finissans envers la figure, ne sont proprement pas des plains finissans envers les autres.

D. Faites-vous connoître bien des parties dans la ligne aspirale ?

R. Elle en reçoit une infinité d'autres, mais dont la connoissance est inutile.

D. De quels mouvemens vous servés-vous pour former les majeures ?

R. Après les avoir formé d'un mouvement mixte des doigts & du poignet, le bras posé à sa deuxiéme partie, il faut ensuite les produire le bras levé de l'action conjointe du bras & des doigts, comme il est expliqué cy-après à chacunes des majeures Françoises.

A

D. Comment formés-vous la Lettre A. de la maniere dont il est representé cy à côté.

R. Depuis le chiffre 1. jusqu'au chiffre 2. il faut produire une ligne aspirale de l'action du bras & des doigts conjointement, & depuis ce 2. jusqu'à 3. on conduira un délié de la maniere qu'il est representé, & de cette partie, on descendera un autre délié, que l'on formera courbe vers le 4. & depuis ce 4, il faut continuer jusqu'au chiffre 5. au bout de laquelle cinquiéme partie, il doit paroître un petit plain, ensuite duquel on établira un demi cercle d'ovale couché qui viendra finir au chiffre 6. avec un délié. *

* Si l'on veut connoître les degrez d'oblique sur lequel s'établissent les deliez de la Lettre A. on aura recours à la figure designée C. E. dans la troisiéme démonstration des lignes droites, laquelle figure établit tous les autres degrez des parties des Lettres mineures, ainsi que celles des majeures.

D. De quelle situation la Plume doit-elle être, lors de la formation de cette Lettre ?

R. De la situation de travers comme étant la plus convenable.

D. Si la Plume étoit sur une autre situation, qu'arriveroit-il ?

R. Il y auroit du dérangement lors de la confection de cette Lettre, mais dont les mains bien exercées & consommées dans l'Ecriture se sentent peu.

D. Ne pouroit-on pas se servir du huitiéme dégré de Plume oblique ?

R. Oüi, parce que ce dégré n'est point contraire, ni même le septiéme.

D. De quelle maniere formés-vous cet A ?

R. Il faut mettre la Plume sur le septiéme dégré pour former la petite ligne aspirale, au bout de laquelle on fera succeder le delié jusqu'au chiffre 1. lequel s'établit sur le dixiéme dégré de la figure désignée C. & E. dans la Table des figures radicales, & depuis ce chiffre 1. on établira une ligne mixte descendante de gauche à droite, dont le courbe désigné 2 sera formé beaucoup plus large, que le premier de cette ligne mixte.

D. N'est-il pas une action du pouce qu'il faut faire lors de la production de cette partie ?

R. Oüi, elle doit avoir lieu, même avant le dernier courbe de cette ligne, laquelle action donne un air de douceur & de vivacité à cette partie.

B

D. La Lettre B. majeure de cette forme, se fait elle le bras levé ?

R. Elle se fait ordinairement plus de l'action des doigts & du poignet, le bras posé, lorsqu'il est de cette grosseur, que lorsqu'il reçoit une étenduë plus considerable, ou quelques formes differentes.

D. Donnés-nous les moyens de la former par les deux petits mouvemens ?

R. On formera une ligne aspirale dont le premier cercle se produit par l'action montante des doigts, au bout duquel il succede un délié qui se fait de l'action simple du poignet, & continuant de suite un courbe en plain qui doit se conduire jusqu'à 2, & du 2, l'action simple des doigts formera une partie droite, qui sera suivie d'un courbe en-dessous de l'action mixte des doigts & du poignet. Il faut après cette partie que le mouvement composé forme entierement une ligne mixte qui se finit à 4, & de 4 jusqu'à 5, former encore une autre ligne mixte, mais differente de la premiere, laquelle est descendante de gauche à droite.

D. Que faut-il faire après la partie 5 de ce B ?

R. L'on formera un courbe en-dessus du côté droit descendant, qui sera suivi d'une autre partie sur la ligne à plomb par l'action des doigts ; après quoy il faut établir le dernier courbe en dessous plain dans la même forme que la queüe de l'f. mineur de Caractere François.

C

D. De combien de parties la Lettre C. est-elle composée ?

R. De trois parties, ou trois demi cercles, à chacunes desquelles nous connoissons quatre parties.

D Est-ce à bras levé que vous le formés ?

R. Il se peut faire de l'action mixte posée ; mais je parle de celle levée du bras, l'action des doigts pour lors commençante, laquelle doit être pour cette Lettre, la plus puissante, celle du bras ne s'y joignant que pour porter les doigts dans les courbes en-dessous & en-dessus, dans le dernier desquels courbes, il convient animer beaucoup plus que le premier ; ce qui se fera par l'action du pouce en faisant tourner la Plume par un mouvement plus vif ; ce qui donne un air plus ferme à cette partie, la Plume étant pour cette Lettre environ sur le quatriéme degré de Plume oblique.

D. Vous avés établi ci-devant qu'il ne faloit point tourner la Plume, & vous vous en servés cependant ?

R. Il convient tourner la Plume aux Lettres majeures qui le requierent pour leur forme, & pour leur donner de la grace ; mais il ne convient pas pour aucunes mineures, de se servir de cette operation, attendu les accidens qui en proviennent.

D. La Lettre C. de la forme cy-à côté, ne doit-elle pas representer dans son contour un ovale couché sur la ligne horisontale ?

R. Oui.

D. De quelle situation de Plume doit-on la faire, & quel est le mouvement qui est le plus dominant ?

R. De celle de travers, commençant cette Lettre par le courbe en-dessous depuis 1. jusqu'au 2, l'action de l'épaule étant un peu plus dominante, quoique celle des doigts & du coude soit obligée de mouvoir, la deuxiéme partie de cette Lettre se forme en courbe en-dessus, de la même maniere que la premiére partie, ou premier demi cercle.

D

D. N'est-il pas plusieurs manieres de faire la Lettre D ?

R. Celle cy-à côté est la plus en usage, le courbe duquel se place & se forme des mêmes mouvemens que ceux du C. dont je viens de parler, en commençant depuis 1 jusqu'à 2, & depuis ce 2, il faut ensuite établir un courbe en-dessus jusqu'à 3, l'action du bras & des doigts de concert avec les autres jointures, lesquels mouvemens se succedent les uns aux autres, & du 3 jusqu'au 4, on formera le courbe en dessous désigné par ces chiffres.

E

D. Ne peut-on pas se servir d'un autre E. que celui qui est representé cy à côté ?

R. Oüi, mais cette Lettre de la maniere dont elle est formée, est véritablement destinée au Caractere François, & celui dont on doit se servir.

D. Quoiqu'il soit representé cy à côté, dites-nous comment il faut s'y prendre ?

R. On remarquera que ce sont trois demi cercles d'ovale, tous trois établis sur la ligne perpendiculaire, dont les parties les plus dominantes de ces cercles régnent sur cette ligne, lesquels se forment tous trois des mêmes mouvemens mixtes, des deux jointures du bras, excepté que celle des doigts est plus puissante ou doit l'être.

D. Pourquoi ne se pas servir du petit mouvement mixte des doigts & du poignet, s'ils peuvent produire cet E. sans avoir recours aux deux autres ?

R. Ce petit mouvement mixte le peut bien, pourvû que l'étenduë de cette Lettre n'excede point son pouvoir ; mais comme il s'agit de le faire à bras levé, ainsi que les autres, pour lui donner un air beaucoup plus vif & plus hardy ; c'est-pourquoi il convient que les deux jointures du bras prennent la place de celle du poignet, la situation de Plume de laquelle Lettre doit être à face, & qui se peut encore produire par les deux premieres mutations de Plume, ou premiers degrés d'oblique & non autrement.

D. Vous prétendés donc que cet E. cy à côté convient au Caractere François ?

R. L'usage a beaucoup introduit de differentes formes de Lettres majeures, & même dans les mineures, ce qui n'auroit point dû se pratiquer, parce que cela augmente le travail, & par conséquent donne plus de peine qu'on ne devroit avoir, si on ne se fût attaché qu'à celles qui conviennent pour chaque caractere, comme l'exemple cy à côté le prouve envers cette figure qui doit ne servir qu'aux majeures Italiennes, sa vrai destination.

D. Quoiqu'il en soit, expliqués-nous ce qu'il convient faire pour la former à servir d'E majeur François d'une étenduë convenable ?

R. Elle se fait à main posée, comme le bras levé, & pour cet effet le bras étant sous-levé, les doigts commenceront à produire un revers de Plume montant de droite à gauche, à peu près de même que la huitiéme partie d'o mineur ; au bout de ce revers on formera desuite une ligne mixte avec toutes ses parties, laquelle s'établira sur la ligne à plomb ou perpendiculaire, au bout du delié de laquelle ligne, succedera un plain courbe en-dessous, qui sera animé par le mouvement du pouce, la fin duquel se terminera en délié, & la Plume étant pour la confection de cette Lettre sur le deuxiéme dégré de mutation de Plume, de la deuxiéme démonstration de la Table, des effets de Plume.

F

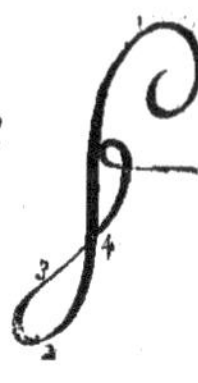

D. Comment faites-vous cette Lettre F ?

R. Je la commence par la ligne aspirale, laquelle je ne conduis que jusqu'au chiffre 1 presque de toute l'action des doigts, & de suite il faut produire une ligne mixte perpendiculairement, qui se finit au chiffre 2, & de ce chiffre je forme ensuite un plain courbe en-dessous qu'il faut conduire jusqu'au 3, après quoi le délié succedera jusqu'environ à ce 4 & du 4 former un courbe à plomb, &c.

G

D. La Lettre G majeure, ne se commence-t'elle pas par une ligne aspirale ?

R. Oüi, mais au bout de cette ligne, il convient former un demi cercle, dont la partie la plus dominante descend perpendiculairement, lequel demi cercle se termine en délié courbe, vis-à-vis le premier demi cercle de la ligne aspirale, ou autrement dit, au milieu de la largeur de ce G. la Plume pour cet effet mise sur la situation à face.

D: Que faites-vous pour la derniere partie ?

R. Il faut que la Plume soit sur la situation de travers qui formera un délié sur la ligne perpendiculaire, au bout duquel succedera le courbe en-dessous, l'action du coude étant la plus puissante ; on achevera ensuite cette queuë de G. par une ligne aspirale, dans la même forme qu'elle est representée cy à côté. Cette derniere partie se forme encore en ligne mixte bouclée à son extremité, & même boutonnée, sans parler des autres formes de cette Lettre.

H

D. De quel dégré de mutation de Plume doit-on se servir pour former cette Lettre H ?

R. Du quatriéme, ainsi que pour C. attendu que c'est la mutation de Plume la plus convenable pour en faciliter l'execution de l'une comme de l'autre Lettre.

D. Cette explication & le modele, suffiroient-ils pour être en état de former cette Lettre ?

R. Non, il faut encore expliquer que la tête peut se faire de deux manieres, la premiere, en ligne aspirale réguliere, au bout de laquelle il faut établir une ligne mixte dont le plain est très-imparfait, non-seulement à cause des mutations de Plume, mais encore par celles de ligne, laquelle ligne mixte reçoit environ huit dégrés oblique, au bout de laquelle on produira une autre aspirale, autrement commencée, que toutes celles dont nous avons parlé, laquelle sera avancée vis-à-vis la tête de cette Lette H. perpendiculairement, se servant pour cette aspirale du mouvement circulaire ; c'est-à-dire du bras & des doigts conjointement. La seconde forme de tête se commence par un courbe seulement, comme il est marqué dans les Alphabets.

J

D. Expliqués-nous les parties de cette Lettre ?

R. Cet J se commence par un courbe ou premier demi cercle établi sur une ligne perpendiculaire de l'action des doigts par le pouce, lequel est désigné 1. & de cette partie on formera un demi cercle d'ovale couché, auquel il faut établir une ligne mixte achevant cet J par un courbe en-dessous qui sera boutonnné, de même qu'il est representé cy à côté ; la mutation de Plume doit être la même que pour les mineures du Caractere François.

D. Vous ne nous dites point si le bras doit être posé ou levé ?

R. Cette Lettre se peut faire le bras levé des mouvemens convenables, mais le plus ordinaire, c'est le bras posé, lequel J se fait bouclé quelquefois au haut & au bas de la ligne mixte.

D. Produisés-vous cette Lettre le bras levé ?

R, Oüi, les deux premiers demi cercles sont plus hauts & plus larges que l'autre, ainsi que la ligne mixte qui finit au chiffre 1, & de ce chiffre il faut faire succeder la ligne aspirale ronde, au bout de laquelle on formera un délié obliquement de gauche à droite, qui doit se joindre à la mineure qui suit cet J.

L

D. N'est-il pas d'autres formes de Lettres L majeures que celle cy à côté ?

R. C'est la forme la plus convenable au Caractere François, que celle dont je vais faire l'explication ; Il faut établir une ligne aspirale qui forme la tête de cette Lettre, laquelle se commence en descendant à droite, & former le deuxiéme courbe en-dessous de droite montant à gauche, ensuite descendre le troisiéme courbe en-dessous, encore de gauche à droite, dans laquelle production on y remarque que l'action des doigts & des deux jointures du bras, mouvent toutes ensemble également, mais à la fin de laquelle ligne aspirale il succede un délié dont l'action du coude (en formant ce délié de droite à gauche) a plus de puissance que les autres : quoiqu'elles mouvent toutes ensemble.

D.

D. Que faites-vous pour succeder à cette partie droite delié oblique ?

R. Une autre ligne aspirale dont le premier courbe se conduit de droite à gauche, l'action du coude continuant d'être toujours dominante, & de ce courbe, on continuera cette ligne aspirale, au bout de laquelle il faut établir une partie droite oblique qu'il faut faire regner sur le dixiéme dégré d'oblique de la figure C. e. 3. démonstration de la Table des figures radicales majeures, achevant cette Lettre de lignes paralelles, telles que la figure les represente, observant que toutes ces parties basses ne passent point la ligne horisontale, & que la derniere partie se termine perpendiculairement vis-à-vis la premiere ligne aspirale.

D. Sur quel dégré ou mutation de Plume doit-on former cette Lettre ?

R. Environ sur la septiéme mutation ou degré.

M

D. La lettre M. cy à côté, que vous destinés au Caractere François, est entierement la lettre M. majeure Italienne ?

R. Cela est vrai, mais comme elle est en usage, il convient mieux s'en servir, quoique mon goût ne s'attache pas à cet usage.

D. Faut-il qu'elle soit absolument droite ?

R. Si elle étoit panchée, elle conviendroit encore moins à ce Caractere.

D. Combien a-t'elle de parties ?

R. Il est aisé de les connoître, mais comme cela n'est pas bien utile, ainsi que celles de toutes les autres Lettres, je dirai en peu de mots qu'elle en a quatre principales; que la premiere est entierement formée de même que celle du premier a. & désignée par le chiffre 1. à cette Lettre M. cy à côté, duquel on descendra une ligne mixte à plomb, le premier courbe de laquelle est peu sensible, & le dernier un peu plus, ensuite de laquelle il faut conduire un délié au même dégré que celui de la premiere partie, & ce jusqu'à 2, & du 2 jusqu'à 3, descendre une ligne perpendiculaire qui finit à 3, formant après une ligne aspirale en courbe en-dessous de gauche à droite, qui se terminera par un bouton, faisant attention que les trois parties basses tombent sur la ligne horisontale, & observant que la Plume soit sur le septiéme dégré oblique, depuis le commencement de cette M. jusqu'à 2, & pour la derniere partie, elle doit être environ sur le cinquiéme dégré, & le tout sans reprise.

N

D. La premiere partie de l'N qui finit au chiffre 1 ne se forme t'elle pas de même que la premiere partie du premier A, ou premiere de l'M ?

R. Oüi, & formant desuite un angle mixtiligne en haut par le premier courbe de la ligne mixte, & continuant une petite ligne droite établie sur le cinquiéme dégré de la figure C. E. troisiéme démonstration de la Table des figures radicales majeures, au bout de laquelle ligne il faut établir le courbe descendant à plomb désigné 2, & de ce 2 former la derniere partie dont le délié monte environ sur le septiéme dégré de la même démonstration ; après quoi, il faut former le demi cercle ovalique couché horisontalement par l'action conjointe; mais celle du coude étant plus puissante pour la production de ce plain, que les doigts & l'épaule, la Plume étant pour cette Lettre sur la situation de travers.

O

D. Comment formés-vous la Lettre O majeure de ce Caractere,

R. Il faut que la Plume soit sur la situation de travers produisant le courbe en dessous horisontalement de l'action conjointe des trois mouvemens, les doigts commençans les premiers; ensuite on conduira un courbe en-dessus de droite à gauche de la même action mixte; mais celle de l'épaule étant plus puissante, lequel courbe vient joindre le premier, au bout duquel succede une ligne aspirale qui termine cet O.

D. Pourquoi n'expliqués-vous pas ce qu'il convient obſerver lors de la confection du reſtant de ces Lettres majeures ?

R. Les differentes explications qui ſont faites ſur les autres Lettres majeures, ſuffiſent pour connoître ce qu'il convient pratiquer envers celles-cy, attendu qu'ayant établi l'action des mouvemens des jointures pour ces majeures, il n'eſt plus beſoin de les repeter, non-ſeulement pour le reſtant de celle de cet Alphabet François ; mais encore pour les deux autres de Bâtarde & de Coulée, pour la forme deſquelles majeures, il ne s'agit plus que de les pratiquer, ou exercer ſuivant les modeles de Gravûre, en obſervant dans les premiers tems de l'exercice, de remarquer quand un mouvement ſe trouve plus dominant pour une partie de lettre que pour une autre : ce qui ne ſe peut qu'en les formant lentement, & retenir l'impetuoſité des mouvemens, particulierement à ceux qui ont trop de précipitation, lors de la production de ces majeures.

CHAPITRE VIII.

Contenant le moyen de former les Lettres mineures Françoiſes.

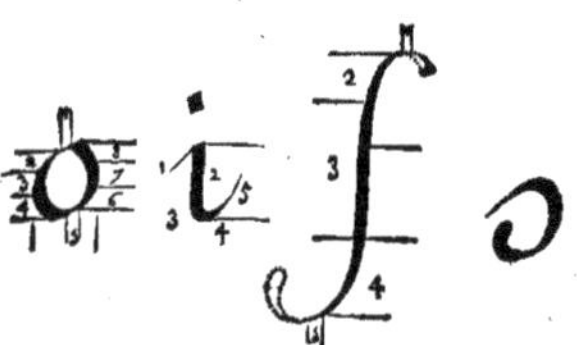

D. DE quoi ſont compoſés les Lettres mineures ?

R. De lignes droites & de courbes.

D. A quelles Lettres ſe rapportent les lignes courbes ?

R. Aux Lettres a. c. d. e. o. r. ſ. s. x. entierement, & en partie à celles b. f. g. h. p. q. z.

D. Et les lignes droites

R. Entierement i. m. n. & en partie b. f. g. h. i. l. p. q. t. u.

D. Combien y a-t'il de Lettres radicales mineures ?

R. Il y en a deux, qui ſont la Lettre o & la Lettre i, & toutes les parties courbes des autres Lettres, tirent leurs origines de ces deux o & i.

a

D. Expliqués-nous la maniere de former chaque Lettre en particulier ?

α

R. Comme il eſt naturel de commencer par la Lettre a. je répond qu'il eſt compoſé d'un cercle & demi ou trois moitié de cercles produit par une Plume convenable à le former dans les regles de l'Art, c'eſt-à-dire d'une Plume dont le bec eſt large, & non une Plume à traits.

D. Cette explication ne nous ſuffit point, donnés en une, ſur laquelle nous puiſſions déveloper toutes les parties & les mouvemens de cette Lettre ?

R. Je la commence par un délié, lequel ſe fait par l'action du poignet de droit à gauche, laquelle partie eſt deſignée par le chiffre 1 ſur la Lettre o. dans la Table des mineures radicales ; à laquelle partie ſuccede celle déſignée 2, qui ſe nomme plain naiſſant en courbe en-deſſus ; côté gauche qui ſe forme par l'action mixte ou conjointe des doigts & du poignet ; la partie ſuivante déſignée par le chiffre 3. dans la même Table, eſt le flanc du cercle de l'o du côté gauche ; laquelle partie eſt plus formée par l'action des doigts, que par celle du poignet ; la quatriéme partie eſt le plain finiſſant du

1er demi cercle qui se nomme courbe en-dessous, côté gauche, lequel se forme de l'action conjointe des doigts & du poignet* le deuxiéme délié est désigné sous le chiffre 5 dans la même Table, se fait par un transport seul du poignet de gauche à droite, auquel succede le plain naissant en courbe en dessous, côté droit du dernier demi cercle de l'o qui se forme par l'action mixte des doigts & du poignet; la septieme partie qui est le flanc droit de l'o, est formée de l'action mixte, mais celle des doigts est plus dominante par le pouce; la huitiéme & derniere partie se produit par l'action des doigts du tems fléchi à celui allongé, où il s'y joint un peu de celle du poignet, ce qui est plus sensible dans les gros Caracteres que dans les petits; on formera ensuite un demi cercle entier de la même maniere que le premier de cet o. lequel se joindra à son flanc sur le dernier demi cercle de celui de l'o, ce qui achevera cet a.

* Cette action du poignet est plus sensible dans le gros que dans le petit caractere.

b

D. Comment formés-vous cette Lettre b?

R. Je la commence par la partie désignée 1 laquelle est la huitiéme de l'o; mais comme elle est destinée pour ce b. on fera la fin de cette partie en un plain finissant convenable à y faire succeder le délié qui se forme de l'action du poignet; au bout duquel délié vous formés le courbe jusqu'au chiffre 2; dans la figure de ce b. cy à côté qui est la deuxiéme partie d'o; & depuis ce 2, il faut établir la partie droite qui finit au chiffre 3. laquelle se fait de même que la deuxiéme de la Lettre radicale i, en continuant de cette partie droite, on en formera une courbe qui est la quatriéme de l'o, & depuis cette quatriéme partie d'o, on fera succeder les cinquiéme, sixiéme, septiéme, & huitiéme dudit o. ce qui achevera ce b.

c

D. De combien la Lettre C. est-elle composée de parties?

R. De six, la premiere, c'est la huitiéme partie d'o, la deuxiéme partie, est la premiere dudit o. la troisiéme, quatriéme, cinquiéme & sixiéme sont les deuxiéme, troisiéme, quatriéme & cinquiéme de cette Lettre o. le surplus étant liaison, ainsi dans cette Lettre sont contenuës six parties, observant que la tête de cette Lettre c, est la même que celle du b, & de l'f.

d

D. La Lettre d. n'est-elle pas formée de parties courbes; c'est-à-dire de deux demi cercles?

R. Oüi, mais le dernier demi cercle se leve en-dessus du premier ou premiere moitié; & ce depuis 1 jusqu'à 2 ce qui finit ce d. laquelle partie doit être conduite vis-à-vis le flanc du premier demi cercle en ligne perpendiculaire, & on observera de se servir du premier tems fléchi, dont j'ai parlé dans les Chapitres précedens, afin de former plus facilement cette derniere partie,

e

D. Est-il nécessaire d'expliquer la maniere de former la Lettre e?

R. Non, il est aisé de remarquer que ce sont deux demi cercles, dont le premier est formé de cinq parties, lesquelles se produisent de la même maniere que les cinq premieres de l'o; à la fin desquelles parties il succede une liaison; à l'égard du deuxiéme demi cercle, elle represente dans son petit, toutes les mêmes parties que celles du premier, excepté que la derniere partie délié se forme sur la ligne horisontale, ou peu oblique.

D. Dites-nous quel est le mouvement que vous faites pour mettre la Plume sur le coin de l'angle gauche de la Plume pour former la liaison de cette Lettre e. qui succede à la cinquiéme partie dudit e.

R. Il faut faire un mouvement de l'action du coude qui ne s'apperçoit qu'au poignet* lequel fait incliner la partie du bras, & par conséquent la main vers la gauche, laquelle inclination met la Plume sur l'angle du côté du pouce, duquel nous formons nos liaisons par l'action montante de ce doigt de toutes les mineures.

* Mettant le bras nud, on remarquera que ce mouvement ne vient point du poignet, mais bien du coude.

f

D. A quoi la tête de cet f a-t'elle rapport?

R. La premiere partie est la huitiéme de l'o ou la premiere de c. qui se produit par un revers de Plume de droite à gauche en montant, au bout de laquelle partie, il faut faire succeder une ligne mixte dans toutes ses parties, & par conséquent des mêmes mouvemens.

D. Que faites vous succeder à cette ligne mixte pour achever cet f,& combien doit-il avoir de hauteur?

R. Il faut former un courbe en-dessous de l'action montante des doigts, le pouce s'allongeant & conuant à monter une partie de ce courbe à plomb, on formera de suite un bouton en descendant un peu dans l'interieur de cette queüe, comme il est plus amplement expliqué dans la Table des mineures à la queüe de l'f. mineur Italien; à l'égard de la hauteur, il doit avoir trois corps de hauteur divisés, sçavoir un corps interieur qui est celui qui accompagne les autres mineures, un corps & demi en-dessus du caractere que nous devons nommer les corps superieurs; un corps & demi en-dessous du corps du caractere que nous devons nommer corps inferieurs, pour toutes les mineures, à têtes & à queües comme b. d. h. l. corps superieurs & interieurs, g. j. p. q. y. z. corps interieurs & inferieurs a. e. i. m. n. o. r. s. t. u. x. interieures.

D. Dites-nous combien la teste & la queüe d'f mineur ont de largeur? & de quoi est composé un corps d'Ecriture; c'est-à-dire combien il doit avoir de hauteur & de largeur?

R. La tête de l'f doit avoir un corps de largeur ou quatre fois l'épaisseur du bec de la Plume, & la queüe six becs ou un corps & demi de largeur,& pour la hauteur, elle doit être en-dessus du caractere d'un corps & demi, & en-dessous d'un & demi; elles peuvent n'en recevoir qu'un seulement.

Le mouvement des doigts dans la ligne mixte, est le plus dominant sur la partie droite.

g

D. La Lettre g. quand à sa premiere moitié, n'est-ce pas un o. dans toutes ces parties, & fait des mêmes mouvemens?

R. Oüi, ainsi voyés la Table des figures radicales mineures, ou la figure a. de cet Alphabet.

D. Quelle est sa deuxiéme & derniere partie ou queüe?

R. C'est celle de l'f depuis environ la barre de cet f, laquelle se commencera sur le flanc de l'o, ou septiéme partie dudit o. pour achever ce g.

h

D. A quoi se rapporte la premiere partie de l'h?

R. A la Lettre f, depuis la teste jusqu'au bas du caractere où elle doit finir, & du bas de cette partie, il faut faire une inclination du bras & de la main vers la gauche, pour que la Pume soit sur son coin, comme il est expliqué pour la liaison de la Lettre e. & après ce mouvement fait, il faut porter la liaison sur ce plain par l'action du pouce, laquelle sortira d'un tiers ou environ de la hauteur du caractere, & de cet endroit le délié commencera à estre courbe & conduit à la hauteur du caractere & de largeur environ d'un bec & demi, au bout duquel la main se relevera de son inclination, afin par-là de remettre entierement la Plume sur son bec, & pour la bien poser sur ses deux angles.

D. Que doit-on faire après cela?

R. Il faut former un courbe en-dessus plain naissant qui est designé 1, & ce par l'action flechi des doigts au bout duquel il faut descendre un courbe perpendiculairement de l'action seule des doigts, par l'indice qui finit au 2,& de ce 2 on continuera un courbe en-dessous de l'action mixte,mais celle des doigts est plus dominante; au bout de laquelle partie courbe, suit un delié, & de ce délié formé par l'action seule du poignet, on produira le plain courbe & dans lequel aussi nous remarquons trois parties de l'o, qui sont le plain naissant, une autre partie perpendiculaire, & la troisiéme plain finissant, le délié suivant est une liaison qui se forme de gauche à droite, par l'action du poignet, au bout de laquelle celle des doigts commence à mouvoir.

i

D. Comment formés-vous la Lettre radicale i?

R. Voyés pour cette Lettre l'explication de l'i mineur Italien, qui vous servira pour cet i. excepté que les parties sont plus longues & plus panchées, ou celui qui est au commencement de ce Chapitre.

l

D. La premiere de ces deux l. ne se commence-t'elle pas comme celle de l'f?

R. Oüi, c'est presque la premiere moitié d'f mineur, ainsi que pour ces mouvemens, excepté que la partie droite ne doit descendre qu'au dernier tiers du bas du caractere pour former de suite la partie courbe de l'i, ou plain finissant, ainsi que le delié transport du poignet,& la liaison, ce qui finit cette Lettre l.

m

D. Dites-nous combien la Lettre m. a de parties ? le moyen de les former, & quelles sont les fautes les plus essentielles, dans lesquelles on tombe ?

m

R. Elle en a sept, compris la derniere liaison, sçavoir quatre deliés ou liaisons, & trois plains.

D. Est-il des mouvemens mixtes ou de composés ?

R. Non, ils sont tous simples, c'est-à-dire le poignet seul ainsi que les doigts.

D. Expliqués-nous comme ils se succedent les uns après les autres ?

R. Le premier délié se forme par l'action du poignet de gauche à droite ; le premier plain ou jambage perpendiculaire se produit par l'action simple des doigts, en fléchissant, au bout duquel plain, le bras au coude fait une inclination du côté gauche avec la main ; ce qui met la plume sur le coin de l'angle du même côté gauche, ainsi qu'il est expliqué à la Lettre e. après quoi le poignet forme un mouvement de gauche à droite pour transporter la Plume sur son coin hors de ce jambage, lequel transport de Plume ou passage doit se faire positivement dessous l'extremité de ce jambage, afin qu'il ne soit point alteré, & qu'il reste oblique, tel qu'il aura été fait, & conforme aux autres obliques ; mais un peu adouci, & non en courbe, après laquelle sortie, la Plume étant toûjours posée sur le coin pour donner une liaison que l'on formera de suite à ce jambage, & cela par l'action simple des doigts, conduisant très-legerement la Plume pour la netteté & propreté de cette liaison.

D. Après le deuxiéme délié ou liaison que faites-vous, lorsque vous l'avés monté de la hauteur du jambage.

R. La main se replace par le mouvement du coude, & non par le poignet (comme elle étoit pour le jambage) afin que la Plume reçoive sur le papier la position entiere de son bec, pour former ensuite le deuxiéme plain, de la même maniere que le premier, ainsi des autres jambages, liaisons & mouvemens, qui sont des répetitions de ce qui vient d'être dit ; observant seulement que si les doigts qui tiennent la Plume, se trouvent embarrassez pour finir le dernier jambage, de tirer les deux autres du dessous, vers la droite, & selon que l'on sentira en avoir besoin, suivant ce que j'ai dit dans les premiers Chapitres.

D. Faut-il absolument que l'oblique soit observé au bas des jambages comme au haut ?

R. Oüi, car autrement cela seroit contraire aux principes.

D. Quelles sont les fautes les plus essentielles que l'on fait envers cette Lettre m ?

R. 1°. Le bas d'un jambage arondi comme un v par un tournement de Plume, & par trop d'appuy. 2°. L'extremité basse de ces jambages quarrée, ou finie horisontalement. 3°. la liaison sortie du dessous du jambage trop séchement. 4°. Celle qui laisse l'extremité du jambage en-dessous. 5°. La liaison vers le haut en courbe en-dessus, comme pour une m. Italienne. 6°. Celle qui cotoye le jambage, & qui se trouve engagée vers le haut. 7°. Le jambage qui dans le haut, fait comme une espece de genoüil ; je dis que le commencement de ce jambage se fait en ligne oblige de gauche à droite en descendant ensuite à plomb ; ensorte que ces jambages sont talonnés au haut & au bas, &c.

n

D. La Lettre n n'est-elle pas formée des deux premiers jambages de l'm ?

R. Oüi, cest-pourquoy voyés m. *

n

* *Il est une Lettre n. finale, dont je ne parle point des mouvemens pour la former, attendu que cela devient inutile*

o

D. Quant à la Lettre o ?

R. Voyés la figure radicale mineure Italienne dans la Table où est l'explication faite sur l'o. ou au commencement de ce Chapitre sur la Lettre a.

o

p

D. Comment formés-vous la Lettre p ?

R. Je la commence par un délié que le mouvement du poignet produit de gauche à droite, la Plume sur les deux becs, au bout duquel on forme une partie droite plaine, à laquelle succede les mêmes plains courbes & déliés, que ceux de la queüe de l'f mineur.

p

D. Que faites-vous pour former cette Lettre ?

D. Je forme une petite partie courbe dont le commencement doit être posé sur la partie droite de ce p. cette partie courbe est la même que la quatriéme de l'o, & continuant la cinquiéme, sixiéme, septiéme & huitiéme dudit o. ce qui achevera cette Lettre p.

q

D. La premiere moitié de cette Lettre q n'est-elle pas la Lettre o dans toutes ses parties ?

R. Oüi, & sa derniere doit se commencer par un délié & un plain naissant, au bout duquel succede la partie droite de l'action seule des doigts, & dont la longueur sera d'un corps & demi en-dessous du Caractere.

r

D. Comment la premiere Lettre r se forme-t'elle ? & quelles sont ses parties ?

R. Il faut former un délié qui est le même que celui de la Lettre radicale i. & par la même action du poignet de gauche à droite, au bout duquel il faut établir un petit courbe, dans lequel sont contenuës autant de parties qu'à celui du premier demi cercle de l'o, ou premiere moitié, le 2e délié duquel petit courbe se doit conduire comme le premier, formant ensuite le deuxiéme demi cercle beaucoup plus grand que le premier, & de la hauteur du Caractere, dans lequel sont comprises les parties 1. 2. 3. 4. & 5. de la Lettre o, suivant l'explication de l'a de cet Alphabet.

D. Aprés cette cinquiéme, que faites-vous ?

R. Il faut faire de suite un delié ou liaison, & ce par l'action du pouce.

D. La Lettre r finale est-elle differente de cette premiere ?

R. Oüi, parce qu'il faut un plain perpendiculaire, au bout duquel succede un courbe, ou la quatriéme partie de l'o, & de suite formant la cinquiéme, sixiéme, septiéme & huitiéme dudit o. cette Lettre se trouve achevée.

s

D. N'est-il pas aussi plusieurs formes d's ?

R. Il y en a de trois sortes.

D. Dites-nous comment se fait la premiere, la deuxiéme & la troisiéme ?

R. La premiere qui n'est point representée cy à côté, est de la forme de l'f mineur dans toutes ses parties, mais moins haute, parce que la queüe doit tomber à la baze du Caractere.

D. De combien doit-elle être plus haute que le caractere & la largeur de sa queüe ?

R. Elle doit avoir un corps & demi de haut en-dessus du Caractere, & un demi ou environ de large pour sa queüe.

D. Et la deuxiéme, comment se forme-t'elle ?

R. Je la commence par un délié, je dis que c'est une ligne mixte dont le dernier courbe doit être plus haut & plus large que le premier, laquelle doit s'établir sur le troisiéme dégré des lignes obliques désignée c. e. de la Table des figures radicales mineures, au bout de laquelle ligne mixte, il faut faire succeder un plain montant en courbe en-dessous, & montant de suite une partie sur la ligne à plomb, au bout de laquelle il faut établir un bouton, & cela de la maniere qu'il est expliqué à l'f mineure.

D. Quelle est sa hauteur & largeur ?

R. Elle doit être d'un corps & demi de hauteur & de largeur.

D. De quoi est formée la Lettre s. finale ?

R. De trois demi cercles, dont le deuxiéme est beaucoup plus petit que les autres, & le troisiéme sera formé en ligne horizontale à son extremité, laquelle se termine selon le besoin par un courbe boutonné.

t

D. Expliqués-nous la maniere de former la Lettre t ?

R. Le premier de ceux cy à côté est entierement la Lettre i. excepté qu'il doit être un demi corps endessus du Caractere, & barré à la hauteur dudit Caractere.

D. Comment formés-vous le t. final ?

R. Il doit être de la hauteur du Caractere seulement, & formé d'un plain droit jusqu'à la baze de ce

Caractere, au bout duquel, on établit une ligne mixte couchée, le dernier courbe de laquelle se doit faire plus large, qui se termine par un délié, & quelque fois par un courbe montant boutonné. On remarquera aisément dans la production de cette ligne mixte, que l'action du poignet doit être plus dominante.

D. N'est-il pas un autre t final?

R. Oüi, mais dont je ne parle point, ainsi que de beaucoup d'autres finales, ce qui me paroît inutile, n'ayant besoin que de leurs models, que l'on trouvera dans les piéces de ce Livre.

u v x y y z z

Nota *La partie désignée par le chiffre 1. à la Lettre v. doit se former sur le sixiéme degré oblique ou environ, & ce en ligne droite. Et celle de l'y désignée par 1 doit estre sur le huitiéme ou neuviéme dégré. A l'égard du moyen de former ces mineures, il n'en est pas besoin, ayant observé les mouvemens des autres mineures de cet Alphabet.*

CHAPITRE XIX.

Sur le moyen de former les Lettres mineures Italiennes.

Comme on a parlé dans l'Alphabet mineur précedent des mouvemens qui forment ces Lettres mineures, & toutes celles qui se font de differentes formes, ainsi qu'on a dû remarquer, quand un mouvement se trouvoit plus puissant que l'autre dans les parties de ces Lettres, où il est besoin pour leur confection; je crois qu'il n'est pas besoin de répeter si précisément ces mêmes mouvemens dans l'explication des mineures Italiennes cy après, je dis (pour ne point repeter) dans les explications des Lettres suivantes, que trois mouvemens, plus ou moins employés, forment toutes les mineures de ce Caractere Italien, ainsi que toutes celles des autres Caracteres.

Le premier mouvement, est celui des doigts qui produit toutes les parties de Lettres mineures descendantes par l'indice, & toutes les montantes par le pouce, soit les parties droites ou courbes, soit plains ou déliés.

Le second mouvement est du poignet qui forme tous les déliés qui se produisent de gauche à droite & de droite à gauche.

Le troisiéme, est l'action du coude, laquelle est nécessaire pour faire incliner sa partie, & la main vers la gauche, afin de mettre la Plume sur son coin pour avoir liaison.

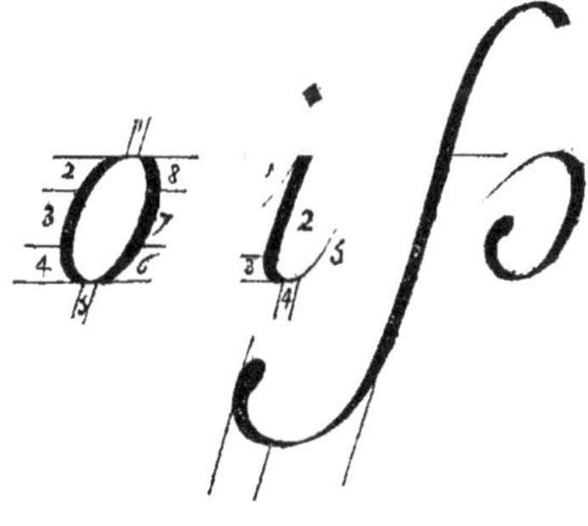

a

D. Par quelle partie commencés-vous la lettre a?

R. Par la huitiéme partie de l'o, & finissant cette huitiéme partie, on forme la premiere dudit o. puis on continuëra à produire jusques & compris la cinquiéme dudit o. après laquelle on fera incliner le bras & la main à gauche, comme je viens de dire, pour mettre la Plume sur le coin, duquel nous formons de suite la liaison qui doit se conduire plus haute que la tête de cette partie; au bout de

a

laquelle liaison, le mouvement du coude remettra sa partie, & la main, & par conséquent la Plume sur ses deux becs pour ensuite former la Lettre i. ce qui achevera cet a. dont la forme est cy-dessus. Voyés les deux figures radicales mineures de ce Caractere, si vous voulés être plus instruit.

D. La partie courbe désignée par le chiffre 1. doit-elle être détachée de la partie droite ?

R. Non, il n'y doit point paroître de jour, ni même le premier coin du plain de ce courbe ne doit pas sortir la partie droite, ce qui est observé dans la figure cy-dessous.

D. Pourquoi n'y doit-il pas avoir de jour ?

R. Parce que si cela étoit, cette figure, au lieu d'être la Lettre a, formeroit distinctement un c. & un i.

D. Combien doit-elle avoir de hauteur, de largeur & de pente ?

R. La hauteur de cette Lettre, ainsi que des autres mineures, doit être de huit becs de Plume, & sa largeur cinq & demi, formant ce caractere la Plume sur la situation à face & sept becs & demi de haut sur cinq de large, si la Plume est sur les dégrés obliques ; à l'égard de la pente, elle doit être de trois becs de largeur de la ligne perpendiculaire, à celle oblique, sur laquelle doit s'établir ce Caractere.

b

D. Comment formés-vous la Lettre b ?

R. Le délié & le plain droit sont deux parties de l'i, lequel plain sera descendu droit jusqu'au chiffre 1. & de cette partie, celle désignée 4. de la Lettre o. dans sa Table, doit suivre, ainsi que la cinquiéme, sixiéme, septiéme & huitiéme partie déliée dudit o. ce qui acheve ce b.

c

D. La Lettre c. ne se forme-t'elle pas de même que la premiere moitié de la Lettre a ?

R. Oüi, c'est entierement cette partie depuis son commencement désigné 1 jusques & compris la liaison ; ainsi cette Lettre c. est composée de six parties de l'o. le surplus est liaison.

d

D. En quoi differe le d. de la Lettre o ?

R. En ce que le dernier demi cercle s'éleve une fois plus haut que le premier, le flanc duquel est plus allongé, & par conséquent l'action des doigts est bien plus grande & plus nécessaire pour la confection de cette Lettre.

D. Le dernier courbe de ce d, doit-il avoir plus de largeur que le dernier de la Lettre o?

R. Oui, il doit avoir un corps de large, & finir vis-à-vis le flanc du premier cercle en pente ; & on observera que les doigts soient, comme j'ai déjà dit à celui du Caractere François, sur le premier tems fléchi, & même pour toutes les autres mineures.

e

D. Par quel endroit commencés-vous la Lettre e ?

R. Par le délié désigné 1, auquel succede le plain naissant de la tête de cet e. on formera ensuite un petit courbe en pente du Caractere, & de ce courbe, former un autre, auquel succede un délié qui est la premiere partie de l'o, & continuer les deuxiéme, troisiéme, quatriéme, & cinquiéme parties dudit o., c'est ce qui acheve cet e avec la liaison.

f

D. Ne faut-il pas commencer la Lettre f par le plain courbe de la huitiéme partie d'o, désignée 1 dans la figure de cet f cy à côté ?

R. Oüi, & de cette huitiéme de l'o, il convient former la ligne mixte dans toutes ses parties, dont le dernier courbe ou plain finissant sera plus large & plus haut que le premier courbe plain de cette ligne mixte, formant ensuite le plain naissant courbe en dessous, en montant vers la gauche, dans lequel il faut tenir la Plume plus fermement dans les doigts, afin que cette partie ne soit point tremblée ; continuant ensuite de ce courbe, une partie montante sur la ligne de pente du Caractere, au bout de laquelle se forme un bouton, ainsi qu'il est expliqué dans la Table des figures radicales mineures.

g

g

D. La Lettre g dans son commencement courbe, jusqu'au chiffre 1 de ce g, n'est-ce pas la Lettre a?
R. Oui, mais après la partie designée 1, la queuë est celle de l'f, dont l'explication vient d'être faite.

g

h

D. Expliqués-nous la maniere de former la Lettre h.
R. Après avoir formé le délié, on descendra un plain droit, au bout duquel il faut faire une inclination du bras & de la main vers la gauche, pour mettre la Plume sur le coin de l'angle gauche, pour former la liaison, & de suite produire cette liaison par l'action montante du pouce, laquelle doit se détacher au tiers de la hauteur du caractere, & former un courbe qui doit se finir environ au chiffre 1.
D. Que faut-il faire après avoir formé ce courbe délié?
R. Il faut ensuite de ce délié remettre la Plume sur ses deux angles, pour produire en descendant le plain naissant courbe en-dessous, & de ce courbe continuer une partie descendante en pente du Caractere qui finit au chiffre 2, & de ce chiffre, il faut établir le courbe en-dessous, plain finissant de droite à gauche, au bout duquel succede un délié peu sensible, ensuite duquel il faut former un plain courbe montant, dont il est aisé de connoître les parties, ainsi que le délié qui est liaison.

h

i

D. Est-il nécessaire d'expliquer la Lettre i?
R. Non, voyés la Table des figures radicales mineures, si celle de cet Alphabet ne vous instruit pas assez.

i

l

D. N'est-il pas besoin d'expliquer les moyens de former la Lettre l?
R. Non parce que ce sont les mêmes mouvemens, & les mêmes parties que celle de l'i, excepté que cette Lettre est beaucoup plus haute.

l

m

D. Combien la Lettre m a-t'elle de parties?
R. Elle en a douze* y compris les liaisons; sçavoir trois plains droits, trois courbes plains, trois déliés courbes, & trois deliés droits obliques ou liaisons.
D. Expliqués-nous comment vous la formés?
R. Le premier delié se doit faire du même mouvement, que celui de l'i, le premier plain ou premier jambage se forme de même que la partie droite de l'i, désignée 2, au bas duquel plain, l'on mettra la Plume sur le coin de l'angle gauche, pour avoir liaison, comme j'ai déja expliqué, laquelle liaison il faut commencer courbe à l'endroit marqué par une petite bare ou ligne, lequel courbe sera continué jusqu'en haut, au bout de laquelle partie, la Plume doit former sur son bec le plain courbe descendant qui finit au chiffre 1. au bout duquel doit commencer le plain droit oblique, mettant encore la Plume sur le coin de l'angle, pour avoir la deuxiéme liaison qui sera formée comme la premiere, ainsi que le plain courbe, & le droit qui succede; observant que ce dernier jambage soit formé en courbe en-dessous en plain finissant, lequel courbe en-dessous doit avoir même hauteur, & même largeur, que ceux dont on vient de parler.

m

D. Que faut-il faire pour former la liaison?
R. Il faut dans le même tems que l'on fait ce courbe, incliner la main pour mettre la Plume sur le coin de l'angle, & produire cette liaison.

* Nota. *On doit remarquer dans ces courbes une action du poignet.*

n

D. La Lettre n n'est-elle pas formée des mêmes parties de l'm?
R. Oui; c'est pourquoy nous n'en parlons point.

n

o

o

D. Quelles sont les parties de l'o ?
R. Voyés la figure radicale dans la Table, si vous n'êtes point content de cet Alphabet.

p

p

D. Dites-nous ce qu'il faut faire pour produire ce p ?
R. Il faut commencer par un delié, & de suite établir le plain droit de deux corps & demi de hauteur passant d'un corps & demi en-dessous du caractere, laquelle queuë se fait assez ordinairement en courbe : & boutonnée, ainsi voyés l'f mineure ; à l'égard de sa derniere partie, voyés la derniere partie d'h. autrement dit deuxiéme moitié.

q

q

D. Est-il nécessaire d'expliquer la Lettre q ?
R. Non, il est aisé en voyant la Lettre g de former le q, excepté que la queuë est droite.

r

r

D: La Lettre r n'est-elle pas semblable aux premieres parties de l'i & l'm ?
R. Oui, le premier delié, le premier plain, ainsi que la deuxiéme liaison & le premier courbe plain, sont les mêmes parties que les premieres de l'm.

s

s

D. Comment formés-vous la premiere Lettre s ?
R Par une ligne mixte plus haute, dont le courbe en-dessous est plus large, que celui du dessus, de laquelle succede un-courbe en-dessous, plain naissant, laquelle queuë se forme de même que celle de l'f. mais moins large.
D. La Lettre s. finale ci à côté, n'est-ce pas trois demi cercles ?
R. Oüi, excepté que le deuxiéme est petit, & que le dernier doit se terminer en ligne horisontale, & qui se forme quelque fois en courbe en-dessous, pour être jointe à une autre Lettre.

t *u* *v* *x* *y* *z* *z*

t — *C'est la Lettre i.*

u — *I réiteré.*

v — *La premiere moitié est une ligne mixte simple, c'est à dire, d'une partie couchée, & d'une droite, & la seconde moitié est un demi cercle d'o, dont le délié est plus long.*

x — *Voyez la derniere partie de l'h. &c. & la Lettre C.*

y — *Voyez la derniere partie de la Lettre m. & la Lettre l.*

CHAPITRE X.

Sur le moyen de former le Caractere Coulé panché de pied en tête.

1. Délié formé par le mouvement du poignet de droite à gauche.
2. Plain naissant formé de l'action mixte
3. Flanc de l'action seule des doigts.
4. Plain finissant action mixte.
5. Délié de gauche à droite.
6. Plain naissant.
7. Flanc de l'action des doigts.
8. Plain finissant.

1. Délié ou liaison.
2. Plain droit action des doigts.
3. Courbe finissant action mixte.
4. Délié de gauche à droite.

D. NE peut-on pas donner un nom plus convenable à ce Caractere ?
R. On doit lui donner celui de Lettre Bâtarde Coulée.

D. D'où ce Caractere prend-il son origine ?

R. Du François & de l'Italien.

D. De combien de manieres se fait-il ?

R. De trois, la premiere est de le former régulierement, & aussi posément que les deux autres Caracteres, la deuxiéme aisément ; c'est-à-dire d'un mouvement plus prompt, & la troisiéme vîte encore plus prompte.

D. Pourquoi doit-il être fait aussi posément que les deux autres ? Est-ce qu'il doit être aussi parfait dans son genre que les deux autres doivent l'être dans le leur ?

R. Oüi, il faut en connoître les mouvemens & les contours des Lettres, avant que de donner quelqu'effort à la main.

D. Comment doit-on le faire aisément ou librement ?

R. Après être parvenu au point de le former régulierement, comme je viens de dire, il faut que le bras & la main se soulevent, afin qu'ils soient en état, ainsi que les doigts, de passer plus aisément d'un mot à l'autre, & par-là de faire un repos moins grand, que lorsqu'elle est posée ; en augmentant pour ce genre d'écrire la vivacité du mouvement, en produisant toutes les queuës des Lettres en-dessus & en-dessous, plus vivement, sans s'inquieter qu'elles soient longues, ou larges, parce qu'il s'agit d'acquerir de la facilité & du consommé dans ce Caractere.

D. Faudra-t'il toûjours faire des grandes queuës, des abreviations ou passes ?

R. Non, cela ne convient pas dans ce Caractere, ni dans aucun autre, il faut, après s'y être exercé, commencer petit à petit à en diminuer la hauteur & la largeur, jusqu'au terme de les faire courtes.

D. Pourquoi cela ?

R. Parce qu'il ne convient pas que les queuës s'entrelassent & se touchent, les unes avec les autres ; ce qui embarasse souvent le Lecteur, joint à ce que c'est le goût qui flate le plus.

D. L'Ecriture avec de grandes queuës libres, est-elle plus difficile que celle qui est ornée de courtes ?

R. Suivant mon opinion, les fautes des Lettres mineures sont moins sensibles avec de grandes queuës, parce que les yeux étant occupés à la varieté de ces queuës & abreviations, en apperçoivent moins l'irrégularité des Lettres mineures, au lieu qu'avec des queuës plus régulieres & plus choisies, il faut plus de précision dans les mouvemens pour leur confection, tant pour les mineures, que pour les majeures.

D. Faut-il faire une inclination pour les liaisons de ce genre d'Ecriture aisé, comme pour le régulier ?

R. Elle doit être diminuée, & moins sensible ; & le mouvement soulevé doit beaucoup aider à les produire.

D. Pourquoi ne pas s'habituer à ce mouvement soulevé dans le Caractere régulier, sans attendre au tems de produire ce Caractere aisément.

R. Il est des personnes dont l'esprit est capable de donner plusieurs attentions propres à les executer. Ce sont ces personnes-là qui peuvent s'en servir dès les premiers tems ; mais à l'égard de ceux qui, quoiqu'ils ayent cette capacité d'esprit, n'ont pas celle de la main, à pouvoir se servir de l'un & de l'autre, ils doivent auparavant se l'affermir, sur la forme des mineures & leurs liaisons par les mouvemens convenables ; & ensuite les former aisément, ainsi que les liaisons par le mouvement soulevé.

D. N'y a-t'il que ce Caractere auquel on puisse donner le nom de Coulée ?

R. Le François & l'Italien peuvent être faits d'un mouvement convenable à leur donner le nom de Coulée.

D. Le Caractere Italien peut-il se coûler aussi aisément que le François ?

R. Non, parce que les m. & n. ont quelque chose de plus difficile, ce qui cause un retard dans l'action des mouvemens.

D. Le Caractere dont les principes sont établis cy-après, est donc le plus convenable pour écrire vîte ?

R. Oüi, parce que les liaisons des m. & n. sont portées de pied en tête, ce qui n'empêche point le cours de l'action des mouvemens, ainsi que les têtes des Lettres b. d. f. h. l. & les queuës j. ſ. y. z. qui se font bouclées.

D. Ne peut-on pas produire dans cette Coulée une ſ boutonnée Italienne ou quelqu'autres Lettres terminées.

R. Oüi, mais ces Lettres ne peuvent pas se lier, lorsqu'elle reçoivent un bouton.

D. Qu'est-ce que l'écriture expediée ?

R. C'est un genre d'écrire, ou une écriture Coulée faite plus vîte que les autres.

D. Que doit-on observer lors de la confection de cette expedition ?

R. Qu'elle soit égale & ressemblante dans la premiere page comme dans la derniere, dans une longue suite d'ouvrage (ce qui est peu commun) lequel caractere expedié doit être fait d'un bon goût consommé, vif & bien libre.

D. Expliqués-nous comment vous formés le Caractere régulier de la Coulée de pied en tête ?

R. Tous les ovales doivent paroître moins enflés que ceux du caractere Italien, lequel Caractere coulé doit ſe produire par une mutation de Plume moins oblique que celle du deuxiéme dégré de la Table des effets de Plume.

D. Les têtes & les queuës des Lettres doivent-elles être faites de même que celle du Caractere Italien ?

R. Non, elles doivent être bouclées dans les Lettres b. f. h. l. ſ. & quelque fois dans celles d. g. j. y. z.

D. Quelles ſont celles qui doivent être formées en ligne aſpirale en-deſſus, comme en-deſſous du Caractere ?

R. Les Lettres d. f. g. p. y. z. leſquelles doivent être produites librement.

a

D. Comment formés-vous la Lettre a ?

R. Il faut conſiderer qu'il eſt fait de trois demi cercles, dont le dernier ſe forme quelque fois en partie droite dans ſon flanc, & cela, lorſqu'il eſt ſuivi d'un jambage d'o, lequel doit eſtre courbe avec les parties ovales.

D. Que faites-vous pour produire la liaiſon qui ſuit cette derniere partie ?

R. Je fais la même inclination du bras pour ce Caractere, que celle des deux autres, excepté qu'elle doit être moins ſenſible que celle de l'Italien, parce que l'obliquité de la Plume en facilite le mouvement ; c'eſt-à-dire que la Plume étant oblique, l'action du bras & de la main en eſt moins grande pour mettre la Plume ſur le coin de l'angle, qu'elle ne feroit ſi la Plume étoit ſur la ſituation à face.

b

D. Faites-nous une explication de la Lettre b.

R. Je la commence par le délié qui ſe forme en montant de gauche à droite de l'action mixte des doigts & du poignet, celle du poignet la plus puiſſante, & en continuant les effets de Plume qui forment un plain naiſſant en courbe en-deſſous, juſqu'au chiffre 1. & de ſuite établir un courbe montant en pente du Caractere, & encore un autre courbe (plain finiſſant) auquel ſuccede un délié ; & de ce délié, produire un autre courbe en deſcendant de droite à gauche, leſquels ſont de la Lettre o.

D. Après cette partie courbe déſignée par le chiffre 2. que faut-il faire ?

R. Il convient en deſcendre une droite oblique de la même maniere qu'elle eſt répreſentée à cette figure b. en établiſſant de ſuite les quatriéme, cinquiéme, ſixiéme, ſeptiéme & huitiéme partie de la Lettre radicale o. ſuivant les explications de cette figure radicale dans ce Chapitre, en obſervant que ces parties de l'o. ſoient (comme j'ai dit) moins enflées qu'au Caractere Italien, ce qui achevera ce b.

c

D. La Lettre c Coulée eſt-elle differente de celle du Caractere Italien ?

R. Elle ne differe de cette Lettre qu'en ce qu'elle doit être moins large, & que le plain du bas de ce c. doit être plus épais que celui de l'Italien, ainſi que les autres rondeurs.

D. Pourquoi doit-il être plus épais au bas, que celui du Caractere Italien.

R. Parce que la Plume, par l'obliquité qu'elle reçoit, fait cette difference ou augmentation d'épaiſſeur, ainſi que ſur toutes les autres parties baſſes ; mais il faut prendre garde de ne la point augmenter encore par l'appuy,

d

D. La Lettre d. n'eſt-elle pas dans la même forme que celui de l'Italien ?

R. Oüi, à la difference de la largeur des courbes, tous les mouvemens étans les mêmes.

D. Ne s'en fait-il pas un bouclé ?

R. Oüi, il eſt aiſé de le former, quand on ſçait faire celui ci-à côté.

D.

e

D. Expliqués-nous comment vous formés la Lettre e. finale, n'étant pas besoin de l'explication de l'e médial, qui est le premier ci à côté ?

R. Il faut observer que cet e ne peut se former qu'avec une liaison qui part du bas des Lettres, comme u. ou e. médial, de laquelle il faut produire (comme on le remarquera ci à côté) un petit courbe descendant de gauche à droite, & formant ensuite le grand courbe de cet e final, montant en pente du Caractere, ce qui produira une boucle au bas dudit e.

D. Que doit-on faire après avoir établi cet e. montant, y compris le délié, le tout de la hauteur du Caractere ?

R. Il faut de suite faire un petit courbe, dont l'extremité doit finir en ligne horisontale, lequel ressemble à son commencement à la quatriéme partie de l'o.

f

D. La Lettre f. ne se commence-t'elle pas par une tête bouclée, comme la Lettre b.

R. Oüi, & depuis le chiffre 1. jusqu'à 2. c'est entierement une ligne mixte que nous appellons parfaite envers nos effets de Plume oblique, le dernier courbe de laquelle est beaucoup plus haut & plus large que le prem^er^.

D. Que faut-il faire après cette ligne mixte ?

R. Former ensuite un courbe en-dessous, plain naissant, suivi d'un autre plain montant en pente, au bout duquel il faut former un bouton en descendant un peu dans l'interieur de cette queuë.

g

Nota. *Comme la Lettre g. est pour sa premiere moitié un cercle tout entier ou un o. & la queuë de ce g qui se joint sur le dernier flanc de cet o. qui est environ la moitié de celle de l'f. c'est pourquoi nous n'en dirons rien autre chose.*

D. Le g. bouclé comment se fait-il ?

R. Il n'est different de l'autre, qu'en ce qu'il se boucle, au bout de laquelle boucle, il convient former un délié qui est une liaison qui doit se joindre aux mineures qui doivent suivre cette Lettre.

h

D. Comment formés-vous la Lettre h ?

R. Voyés le b depuis son commencement y compris la partie droite, laquelle partie sera descenduë un peu plus bas que celle de ce b.

D. Au bout de cette partie droite qui est destinée pour h. ne faut-il pas une inclination pour mettre la Plume sur le coin de l'angle pour avoir liaison ?

R. Oüi, & de suite la former en montant sur le plain droit, laquelle sortira environ vers le tiers de la hauteur du Caractere, & prendra une forme courbe, & sans quitter ce délié, la Plume se remettra sur ses deux becs par l'inclination du bras, pour ensuite produire un courbe plain descendant, ou demi cercle bouclé par un petit courbe, à quoi succede un délié ou liaison ; lesquelles parties sont plus amplement expliquées dans la Lettre h. Italienne.

i

Nota. *Il est inutile d'expliquer les parties de l'i, pour lesquelles voyés les figures radicales de ce Chapitre, où vous trouverez cet i. expliqué.*

l

l

D. La Lettre l. ne doit-elle pas se former comme la partie du b.

R. Oüi, & ce sont entierement les mêmes parties & les mêmes mouvemens que ceux qui sont emploïés pour le b. depuis son commencement, jusqu'au chiffre 1. & de suite former la liaison sur le coin de l'angle de la Plume, comme je l'ai déjà expliqué.

m

D. Combien la Lettre m. Coulée a-t'elle de parties ?

R. Sept ; sçavoir quatre déliés ou liaisons & trois plains.

D. De quelle maniere formés-vous cette Lettre ?

m

R. Je la commence par le délié qui se forme de gauche à droite, au bout duquel je produits ensuite le premier jambage par l'index, au bas duquel jambage, j'incline le bras vers la gauche pour mettre la Plume sur le coin de l'angle, & dans le même tems de cette inclination, je fais un transport du poignet de gauche à droite, lequel se produit en-dessous du plain, & la Plume étant sortie entierement du jambage par le mouvement du poignet, on forme la liaison de suite à la sortie de ce jambage, laquelle doit être conduite jusqu'au haut du deuxiéme jambage par l'action du pouce.

D. Que faites-vous après cette operation ?

R. Je remets la Plume sur ses deux becs pour former le deuxiéme jambage de la même maniere que le premier, ainsi que le dernier, & leurs liaisons par les mouvemens que ceux cy-dessus dits ; le dernier desquels jambages ne doit pas être plus arondi à son extremité basse que les deux premiers.

D. L'inclination du bras doit-elle être grande, lorsqu'il faut produire une liaison ?

R. Non, elle ne doit point l'être, mais seulement suffisante pour avoir une liaison nette, montante & conduite par le pouce, ainsi que pour les autres Lettres : & non pas produire ces liaisons par un tournement de Plume.

D. Cette Lettre m. Coulée ne seroit-elle pas plus gracieuse, si les jambages se trouvoient un peu courbes en haut, c'est-à-dire le commencement des jambages un peu obliques ?

R. Il faut bien se garder de rien affecter, ni dans les liaisons, ni dans les jambages ; ce qui est absolument faux & contraire aux principes & au bon goût.

n

n

D. La Lettre n. n'est-elle pas faite de deux jambages de l'm ?

R. Oüi, c'est-pourquoi voyés l'm.

o

Nota. *Nous n'expliquerons rien sur la Lettre o. attendu que les principes sont établis sur les figures radicales mineures au commencement de ce Chapitre, observant, (comme j'ai déja dit) que cet ovale de Coulée soit moins large dans ses parties, que celui du Caractere Italien.*

o

p

D. De quelle maniere formés-vous la Lettre p ?

R. Je forme la premiere partie par un délié de l'action du poignet, de gauche à droite, & de suite je forme un plain droit oblique, au bout duquel s'établissent, sçavoir les deux courbes plains pour former la queue, l'un à droite, & l'autre à gauche ; au bout du dernier desquels se produit un bouton, ce qui finit cette queue.

D. Que faut-il faire après cela ?

R. Lon formera un petit courbe sur la partie droite qui sera commencée à l'endroit désigné 1. lequel courbe est la partie quatre de l'o, & de suite former la cinquiéme, sixiéme, septiéme & huitiéme dudit o. ce qui achevera ce p.

D. Ne s'en fait-il pas un autre ?

R. Oüi, un la queuë duquel doit être droite.

D. Expliqués-nous comment se fait celui dont on ne fait point de reprise pour former la derniere partie?

R. Je le commence (comme la ligne mixte) par un délié & un courbe plain naissant ; & de suite il faut descendre une partie droite dont l'extremité se forme un peu en courbe, de cette partie on remonte [par le pouce] un plain qui accompagne le premier, & qui, vers son extremité haute, doit être courbe dans la même forme que le premier de ce p, Après quoi il convient établir en descendant un demi cercle plain qui sera boucle par un autre petit courbe à son extremité ; lequel demi cercle & l'autre suivant doivent être faits de la même forme que celui de la Lettre h. avec la petite boucle, ce qui achevera ce p.

q

Nota. *Comme il est aisé de former la Lettre* q. *je n'en parle point.*

q

r

D. Faites-nous une explication de la Lettre r. initiale & mediale ?

R. Elle est composée de deux demi cercles, dont le premier est plus petit, lequel se commence par un délié montant de l'action des doigts, & de suite il faut former un petit courbe, qui contient les mêmes parties qu'un plus grand, & de ce courbe monter un autre délié qu'il faut conduire aussi haut que le commencement du premier petit demi cercle, convenable à former de suite le deuxiéme demi cercle, lequel est beaucoup plus haut que le premier, & contient cinq parties de l'o., au bout de laquelle cinquiéme partie, la liaison doit succeder ; ce qui acheve cette Lettre.

D. N'en est-il pas une finale ?

R. Oüi. elle se commence par les deux premieres parties droite de l'i. l'une déliée & l'autre plaine, à laquelle succedent les parties de l'o. 4. 5. 6. 7. & 8. ce qui acheve cet r.

s

D. La Lettre s. ne se fait-elle pas de plusieurs manieres ?

R. Oüi, mais celles qui sont le plus en usage : sont les deux cy à côté ; sçavoir la premiere est initiale & mediale & finale, qui est une ligne mixte, au bout de laquelle il se fait un petit courbe plain montant qui forme une boucle dont le délié ou liaison fait partie.

D. Et la Lettre s. finale comment se fait-elle ?

R. Voyés pour sa premiere moitié celle de l'e final, c'est-à-dire dans le grand demi cercle de cet e. Après avoir formé cette partie destinée à la Lettre s. finale, il faut produire ensuite de cette partie un demi cercle entier dans toutes ses parties ; le bout duquel se termine en ligne horisontale.

D. Expliqués-nous comment se forme le t. médial ?

R. Par la connoiſſance que je viens de donner des autres Lettres, je crois qu'il n'eſt pas néceſſaire d'expliquer par demande & réponſe le reſtant des mineures de cet Alphabet.

VOILA ce que contient la premiere partie que j'ai établie & expliquée le mieux qu'il m'a été poſſible, & qui eſt au déſir de tous ceux à qui je l'ai fait voir. Peut-être ſe trouvera-t'il dans le nombre des Lecteurs, quelques uns qui voudront avoir plus d'explications, & d'autres perſonnes qui la trouveront trop expliquée. Ceux qui auront volonté d'apprendre cet Art avec bien moins d'explications; c'eſt-à-dire comme machinalement ou méchaniquement, en ſe bornant à une foible ou paſſable écriture; pour lors il ne faut que ſimplement ſuivre les explications des Chapitres, ſans s'arrêter aux demandes & réponſes plus étenduës, leſquelles conviennent à ceux qui veulent un peu plus de perfection dans leur écriture;par exemple,pour le Chapitre de la tenuë de la Plume,il n'eſt beſoin que des explications du commencement, juſques & compris la figure de la main & non du reſtant;on en uſera de même pour les autres Chapitres,je ne propoſe point de ſuivre les exemples ou modeles de ce Livre,comme la ſeule choſe qui peut ſuffire pour conduire au terme d'écrire paſſablement; je dis qu'on a abſolument beſoin de ſçavoir l'origine des Lettres majeures & mineures,& celui des mouvemens; il paroît par le ſilence de la plûpart des Auteurs ſur les principes, qu'ils n'ayent voulu qu'établir leur réputation,ou laiſſer à penſer qu'il s'agiſſoit plus d'avoir des modeles de l'Ecriture pour apprendre ſeul, que des principes pour y parvenir,ſans avertir même des differentes hauteurs & largeurs des Lettres mineures qui rendent les Caracteres plus maigres ou plus gros;au ſurplus il eſt bien des ſentimens là-deſſus;les uns veulent un Carctere qui ſoit plus haut, & les autres plus court. J'ai fait graver quelques piéces dont le Caractere un peu plus haut que je ne l'ai établi par mes principes, quoique je l'aye fait pour ſatisfaire bien des perſonnes. Je n'établis pas moins dans ces explications que le Caractere Italien doit avoir huit becs de haut ſur six de large, le François quatre & demi ſur quatre de large, la Coulée ſept & demi ſur cinq de largeur,& ce en conſéquence des piéces gravées.Si le Public reçoit favorablement cette Methode, j'entreprendrai de faire graver d'autres piéces d'Ecritures qui ſont déjà toutes diſpoſées & les plus recherchées qu'il ma été poſſible, leſquelles je deſtine à mettre entre les mains du Sieur Bailleul l'aîné Graveur, comme le ſeul qui ſelon moi eſt en état de faire ces ouvrages difficiles.

J'Avertis que toutes les Lettres mineures des Alphabets, & les figures des mains ſont gravées en bois avec beaucoup de ſoin; mais cette Gravûre devient toûjours défectueuſe à l'impreſſion, particulierement pour les Caracteres, je m'en ſuis ſervi pour l'explication de ces Alphabets, dont il n'eſt beſoin que du contour des Lettres pour en concevoir la forme, après quoi on aura recours à celles qui ſont gravées en cuivre, leſquelles ſont au deſir de ceux qui veulent apprendre.

FIN DE LA PREMIERE PARTIE.

De l'Imprimerie de MESNIER, ruë S. Severin au ſoleil d'Or 1731.

A Paris Chez l'Auteur rue de la Verrerie proche l'hôtel de Ponponne

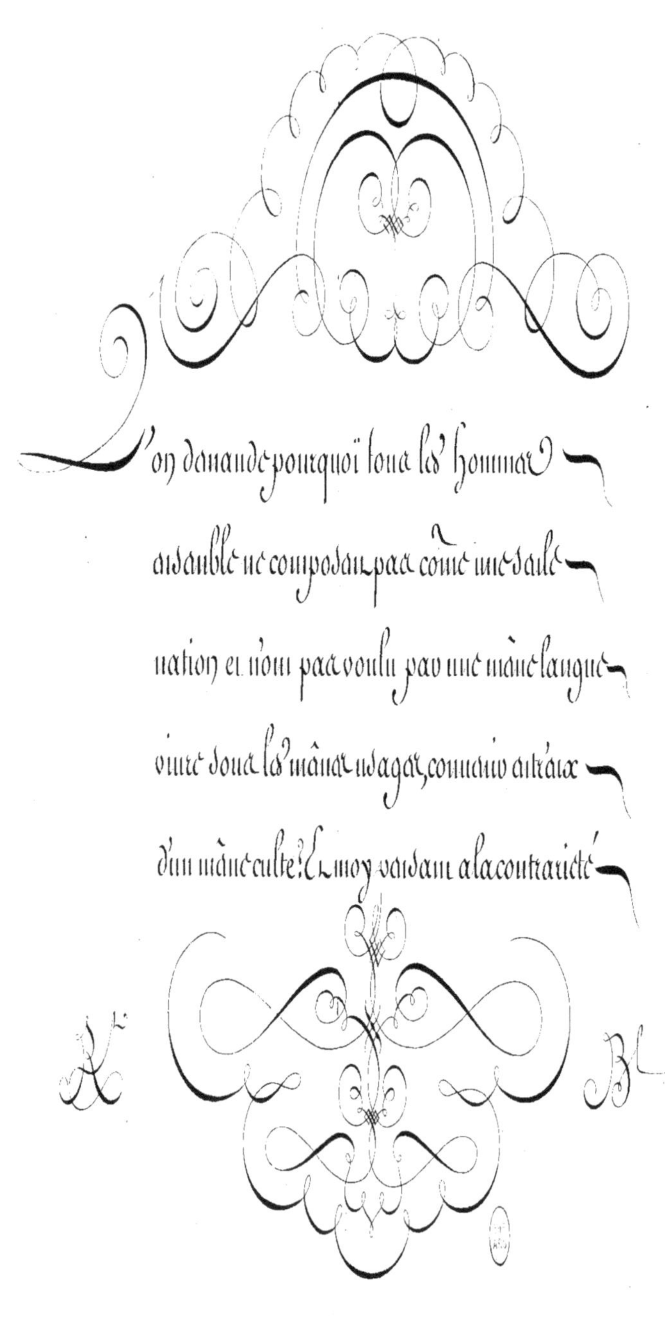
L'on demande pourquoi tous les hommes
ensemble ne composent pas comme une seule
nation et n'ont pas voulu par une même langue
vivre sous les mêmes usages, connaître entr'eux
d'un même culte? Et moy voyant à la contrariété
R
B

Il est aussi difficile à l'homme
de se connoître qu'aux anges de connoître leur créateur. Dieu dans ses
perfections, l'homme dans ses défauts, sont également infinis. L'impuissance
où nous sommes de parvenir à cette connoissance de nous-même, n'excusera
point notre négligence: étudions-la long-tems, sondons-nous à tous momens;
si le travail est long, souvenons-nous qu'il est nécessaire et indispensablement utile.

Model d'expedition de Ronde, du bras et à main Roulante ou Soulevée pour acquerir la consommation et la liberté.

La vie est un sommeil. les vieillards sont ceux dont le sommeil à été plus long; ils commencent

Reflexion
Si l'homme faisoit un bon usage de la vie, je lui pardonerois
de se plaindre de la nature qui a rigoureusement borné
ses jours, pendant qu'elle a accordé a quelques ani=
maux une vie tres longue. si elle nous l'avoit donnée,
en serions nous plus sages et plus détrompés? n'aurions
RB

Nous voyons vn homme parvenir à de

grands emplois, ne demandon.s pas

quel est son mérite peut-estre n'en à-

t'il point d'aut. que d'estre heureux.

Vonnet de Vommoys
Item Recev 6. des Droits po. Le Roy a Saint
Vouvommontoi Let Examinat des Manufact.
de Fresmipol Et Jusupy de St Voigomper
Ano. Jean Goryomipeux Ordonno de fal. po. M.

Cette vaste Couronne, ornée de ses Fleurons,
Digne choix du Ciel, fait pour tous les Bourbons,
Sur la terre et l'onde, pour toujours respectée,
De l'un a l'autre pole, est aussi reverée,
AU ROY
Portée par nôtre Roy, qui seul incomparable,
Aux merites du corps, joignant vertu du cœur,
De ses Sujets fideles, fait l'unique bonheur,
Son air Majestueux, tient de l'adorable.
QUESTIONS.
Qu'est-ce que Dieu.
Qu'est-ce que Louïs XV.
Loin de rien decider de cet Etre Suprême;
Gardons en l'adorant, un silence profond,
Le mistere est immense, et l'esprit s'y confond,
Pour dire ce qu'il est, il faut être lui même.
Grand Roy fidel portrait, de cet Etre Suprême;
Pere de ses Sujets, et la Justice même,
Gardons pour sa personne, un respect très profond.
Puisque sur ses vertus, tout esprit se confond.
1764
O! François très heureux d'être sous ce Monarque,
De la bonté d'un Dieu reconnois la vraie marque:
Qui t'accorde un Pere, dont le prudent Conseil,
Par ses soins, rend l'Etat a nul autre pareil.
Dedié et Presenté
a Sa Majesté
Par son plus humble, et très fidel Sujet Roylller, Examinateur des Ecritures Autentiques, Rue de la Verrerie a Paris.

Un homme de mérite et qui est en place n'est jamais
incommode par sa vanité il s'étourdit moins du poste
qu'il occupe qu'il n'est humilié par un plus grand
qu'il ne remplit pas, et dont il se croit digne plus
capable d'inquiétude que de fierté ou de mépris po. les

Comme les vertus se couronnent d'elles

mêmes elles n'ont pas besoin d'admirateurs

tous les raisonnables leur donnent leur

suffrages ceux des autres sont inutiles :

AVIS.

E n'entreprendrai point de dissuader ceux qui croyent que les pieces bien ornées de traits confus de simetries, en forme de cartouches ; se peuvent bien produire à bras & main levée, comme sont quelques-uns des modeles de ce Livre, parce que je ne crois pas que ceux à qui j'adresse cette derniere partie, soient dans le cas de penser que cette production puisse être possible, mais bien les traits d'ornemens naturels, comme on le peut voir dans beaucoup de pieces de ce Livre.

Mon dessein est de disposer par cet Avis, les curieux à connoître cette derniere Partie par commentaire à ce qui y est établi ; je l'ai renduë autant intelligible que le peu de tems que j'ai eu me l'a permis ; mais comme je l'adresse à ceux qui font par leur émulation & leur disposition le soûtien d'un Art si necessaire par l'amour de la vraïe connoissance des principes, & de la belle forme des caracteres, c'est pourquoi je pense qu'ils entenderont aisément tout ce qu'elle renferme, & qu'ils éleveront même assez leur esprit pour pénétrer encore plus loin, afin par-là de ne plus douter d'aucunes causes, de toutes les productions faites par les mouvemens, la connoissance desquels me paroît la plus difficile, la plus essentielle, & la plus négligée, comme on le connoîtra ci-après, & dans la division de ces mouvemens en trois principaux genres de productions, le premier en caractere regulier ; le second en caractere aisé ; & le troisiéme en expedié ; mais avant que de l'expliquer, je suis bien aise d'entretenir un peu le Lecteur sur quelques parties de la verification, & de lui faire remarquer combien il y a de differens caracteres, & de manieres à les produire, causés par les divers génies qui reçoivent differemment les principes, & les principes démontrés de plusieurs manieres, ajoûtés à cela les differentes habitudes que l'on contracte soi-même étant sorti de chez les Maîtres, en se négligeant, ou en se perfectionnant pour rendre son écriture familliere, comme, par exemple, les differentes attitudes du corps, tenues de plume, positions du bras, &c.

En partie sur la Verification d'écriture.

Il ne faut pas se livrer aux idées de la prévention, pour décider si c'est un mouvement du bras qui domine plus qu'un autre dans une production de lettre, & même pour autres cas. Il est necessaire d'en avoir une parfaite connoiſſance, & le prouver par de ſolides raiſons, attendu que l'habitude d'un genre de produire les parties de lettres libres ou auttes, fait que l'on a peine à reconnoître ce que les mouvemens peuvent produire naturellement dans les régles de l'Art. Par exemple, ce n'eſt pas ſans peine ſi l'on reconnoît quand une queuë libre, &c. eſt produite par les mouvemens mixtes des jointures du bras & des doigts conjointement, ou quand elle eſt faite des mouvemens ſans l'aide des doigts; il faut de la pénétration pour ſentir cette difference, ainſi que pour ce qui regarde toute la verification des écritures conteſtées en Juſtice. Pour y parvenir il faut obſerver dans les exercices de la main les differentes productions de la plume, les tranſports des mouvemens, & leurs paſſages, & ceux de pluſieurs autres mains, & de leurs écritures, afin de développer, autant qu'il eſt poſſible, les routes épineuſes des fauſſaires; & pour cet effet examiner ſi dans la forme des mineures on y remarque une affectation de lettres mineures ſerrées par imitation, larges, maigres, épaiſſes, égratignées, ou frapées plus vivement ou plus lentement produites; dans la gêne deſquelles imitations les mouvemens du bras & des doigts, péchent toujours dans quelques parties, par la difference d'une autre habitude d'écrire, quoique d'une main diſpoſée naturellement à faire tout ce que l'imagination lui ſuggere, ſoit par les voyes naturelles de l'Art, ou ſoit par celles du deſſein ou autrement. Après ces remarques on établira que dans telles parties baſſes ou hautes, de telle ou telle lettre le courbe en deſſous du côté gauche ou droit eſt plus large, plus étroit, ou plus appuié, plus ou moins oblique; la figure pointuë ou couchée, ſur tel ou tel dégré de ligne oblique en difference de telles ou telles autres lettres; & enfin generallement tout ce qu'on appercevra de difference dans toute l'étenduë de ladite figure, ſoit majeure ou mineure, en deſigant, comme je viens de dire dans un Procès verbal l'endroit défectueux de la lettre, ou ſa diſſemblance. *

Que les mouvemens ont beſoin d'un eſprit capable de leur faire produire avec goût les figures des caracteres, &c.

Comme c'eſt ſans contredit l'eſprit qui imagine, & la volonté qui conduit la production des mouvemens au gré de la penſée, avec peu de difference de l'idée, qu'on s'eſt propoſé envers les figures des caracteres: je crois qu'il n'y a point de diſpoſition plus heureuſe, & dont on ne ſçauroit trop profiter de crainte que le long intervalle ſans travailler, ou la négligence ne les alterent, ſoit dans les mouvemens du bras & des doigts, ou ſoit envers l'eſprit; ainſi les mouvemens reçoivent de l'eſprit les ſecours les plus neceſſaires pour la confection des caracteres, & pour le bel ordre d'une piece, & encore plus quand la vraye émulation s'y joint, revêtuë de la patience lors de l'exercice; mais il faut avec cela les principes d'un bon Maî-

* *Faire mention des ſituations ou mutations de plume, dire ſi elle étoit émouſſée, fraîche taillée, bien fenduë, ou point aſſez; expliquer en outre la difference des liaiſons, ſoit envers le vif, ſoit envers le tremblé, &c.*

tre, qui seconde notre esprit & nos mouvemens, en nous relevant des accidens qui naissent de l'esprit & desd. mouvemens que notre peu de connoissance nous empêche d'appercevoir. Le Démonstrateur subalterne peu capable de sentir notre portée, & de prévenir ces accidens, nous laisse travailler dans des habitudes qui nous éloignent du dégré de perfection, où nous serions parvenus si nous avions été conduits par les vrais principes: Nous devons donc leur attribuer en partie ces mauvaises habitudes, ce peu de goût dans notre caractere, même ce peu d'émulation que nous avons, d'où proviennent la plûpart des differentes écritures : dirai-je plus, c'est qu'il y a de si chetifs sujets dont l'esprit & les mouvemens du bras semblent être faits pour ne rien produire que de contraire au bien, & dont il faut que tout vienne du Maître.

Des trois principaux genres d'écrire ou divisions, dont j'ai ci-devant parlé.

Il n'y a de difference entre ces trois genres d'écrire, qu'en ce que les mouvemens produisent les caracteres plus ou moins vîte.

Le premier regarde l'écriture reguliere qui produit les lettres d'une maniere réfléchie, & convenable à donner une forme parfaite, telle qu'un Maître doit l'avoir, & non brusquée & emportée, dont le modele n'est point à suivre pour ceux qui cherchent la perfection, & sur-tout dans les premiers tems, où l'écriture doit être la plus reguliere qu'il est possible. *(a)* Ce genre renferme trois distinctions principales par rapport aux differentes grosseurs des caracteres, & par lesquelles on jugera des autres. La premiere distinction concerne le gros caractere titulaire, en ce qu'il doit être fait des mouvemens bien réfléchis, à cause de son étenduë.

La seconde distinction regarde le caractere de moyenne grosseur, lequel se doit produire avec moins de lenteur que le titulaire.

La troisiéme est envers les petits caracteres, lesquels doivent se produire un peu plus vîte que le moyen; ensorte que suivant mon opinion, plus les caracteres sont gros *(b)*, plus il faut de lenteur ou de sagesse dans les mouvemens pour en bien former le contour, & ce à proportion du plus ou moins d'habitude, & de capacité qu'on a acquise sur chacune de ces trois differentes grosseurs; ainsi que d'autres dégrez sur lesquels il y arrive des accidens, comme des liaisons reprises, & qui paroissent telles; la plume trop oblique ou trop à face, le bras plus ou moins éloigné du corps, &c. Ces accidens passent en habitude d'écrire à beaucoup de personnes. Ces habitudes deviennent puissantes, & sont en nous une nouvelle nature à cet égard, de maniere qu'elles font la regle de nos pensées & de nos paroles; ensorte qu'elles agissent avec passion lorsqu'elles rencontrent quelque chose qui leur est contraire, & niant les plus vraies;

(a) *On doit attendre au tems de ne plus douter de la forme des figures, pour les produire ensuite d'un mouvement plus prompt.*

(b) *Cet exercice ne sçauroit trop être réiteré, même jusqu'au tems de ne plus douter de la forme d'aucune partie.*

quoique prouvées, & ce ſuivant le plus ou moins d'interêt qu'on a de les ſoûtenir bonnes. Quelle peine quand je penſe à l'agitation de celui qui travaille preſentement ſans être ſolidement aidé, chaque jour, chaque heure, même chaque moment, donne ſon opinion differente, chancelant dans la coupe des plumes, douteux de ſa ſituation, plus douteux de ſes mouvemens, de ſes idées, même de ſoy, il ne ſçait quel parti prendre; tout cela l'agite, l'aigrit & le rebute; & cela ne vient que de deux cauſes; la premiere, qu'il auroit dû apprendre d'un Maître qui connoiſſe les principes, & à peu-près ſon humeur. La ſeconde, du peu de patience & de la pernicieuſe crainte de mal produire dans une piece où l'on veut reuſſir.

Le ſecond genre, eſt de produire les caracteres aiſément.

Le troiſiéme, eſt de l'expedier n'ayant ent'reux de difference que des dégrez de vîteſſe plus ou moins, & dont je me reſerve les moyens dans mes démonſtrations verbales & journallieres.

Ire TABLE

Ire TABLE ou explication des mouvemens des jointures du bras droit, en deux démonſtrations.

L'une, ſur la puiſſance du bras levé, & l'autre ſur celle des productions du poignet & des doigts, lorſqu'il eſt poſé.

Nota. Je me ſert du terme de directe & d'indirecte envers les mouvemens des jointures pour les diſtinguer, c'eſt-à-dire, l'un eſt plus puiſſant, & l'autre moins.

Premiere démonſtration ſur le Bras levé.

Obſervation ſur la puiſſance & ſur les mouvemens du bras droit.

L eſt neceſſaire de donner trois principales ouvertures au bras droit, ſçavoir, une à côté, qui eſt celle qui forme la ligne A. B. *une endevant, & l'autre en derriere, faiſant partir ce bras du même endroit qui doit eſtre le milieu du côté droit du corps, entre leſquelles nous pouvons dire qu'il eſt des mutations ou d'autres ouvertures, mais moins puiſſantes pour produire une ligne droite & oblique que celles des trois ouvertures, commençant toujours du même endroit du côté droit du corps, & même diſtance; toutes leſquelles ouvertures forment, ou ſont autant de parties du mouvement circulaire de ce bras qui établiſſent un cercle rond & ovale, de ſuite & par repriſe; au ſurplus nous remarquons que la puiſſance de cette action de la premiere jointure dans toute ſon étenduë, ne peut produire qu'environ un demi cercle d'ovale, dont la longueur eſt à peu près trois fois & demie celle de la ligne* A. B. *& ſa largeur celle de ladite ligne* A. B. *dans lequel demi cercle il ſe forme toutes ſortes de cercles ronds & ovales; ſuppoſé pour cet effet que l'on eſſayât pour la production mettant un crayon au coude, laquelle jointure par ſon mouvement, ne peut rien former de plus étendu que ce grand cercle, autrement cela ſeroit ſans production; l'experience fait connoître qu'il eſt certain que nous ne pouvons avoir de production de la puiſſance de cette jointure, qu'un demi cercle d'ovale, parce que nous n'avons que le côté droit de libre, l'autre demi cercle de la même étenduë (pour former un ovale) que le premier eſt à la puiſſance de la premiere jointure du bras gauche: ainſi cette jointure n'en formant qu'un demi ou un peu plus en ſon particulier, les autres jointures en leur particulier, n'en formeront auſſi qu'un demi cercle, ainſi que tout enſemble, mais dont l'étenduë ſera une fois & de-*

VANT que de parler des mouvemens du bras droit, il eſt neceſſaire de dire que ſa longueur, y compris la main & les doigts, a ſix jointures, & par conſequent ſix parties, * qui ont chacune en elle-même leurs puiſſances ſeparées; la premiere deſquelles jointures que l'on peut nommer racine du bras droit, eſt celle de l'épaule; la ſeconde eſt celle du coude; la troiſiéme, le poignet, qui ſépare la main du bras; la quatriéme, eſt la premiere jointure des doigts, que l'on peut nommer racine deſdits doigts; la cinquiéme, eſt la ſeconde jointure de tous les doigts, & la ſixiéme, eſt la derniere jointure deſdits doigts; toutes leſquelles ſont deſtinées à mouvoir pour la production des figures de cet Art; ſçavoir, 1°. pour les figures que nous nommons majeures, traits & paſſes, pour la forme deſquelles il eſt employé les mouvemens de la premiere & ſeconde jointure du bras, & celle des doigts, leſquels ſont pour mitiger par leur action, l'irregularité des mouvemens des deux premieres jointures de ce bras; le propre deſquels doigts pour lors, eſt d'adoucir l'execution des parties provenant de ces mouvemens, comme ceux qui approchent le plus de la plume. 2°. Et pour les majeurs & mineurs, dont la forme eſt au pouvoir des mouvemens qui ont puiſſance de produire, lorſque le bras eſt poſé à ſa ſeconde partie & ſeconde jointure, ſont le poignet & les doigts conjointement & ſéparément.

La premiere deſquelles jointures du bras droit, porte ſa premiere partie, comme il eſt dit ci à côté dans l'obſervation, endevant le corps, à côté & enderriere, par repriſe & circulairement; laquelle jointure par ſon mouvement, a le propre de mettre la ſeconde partie du bras & de la main, ſur ſon côté du pouce; ce que le mouvement de cette jointure ne peut pas faire pour elle-même, qui eſt de mettre ſa partie ſur ce côté ſans ſecours du corps, *mie plus que le demi cercle produit par la premiere jointure. Il eſt aiſé de connoître que ce grand demi cercle ſera formé par l'ouverture entiere du bras, obſervant la même poſture du corps pour une production comme pour l'autre; autrement les productions ſeroient plus ou moins longues.*

Il réſulte bien prouvé, que la puiſſance de la premiere jointure, peut former un cercle rond dans le grand demi cercle d'ovale expliqué d'autre part, & que les deux autres jointures, ſçavoir le coude & le poignet, ne peuvent point ſéparément ou conjointement, former un cercle entier, s'ils ne ſont aidés par les doigts, lequel ne peut eſtre que de l'étendue de la puiſſance des doigts; mais ayant beſoin d'un cercle entier, ou d'un demi d'une étendue plus grande, c'eſt alors que cela ne ſe peut pas faire ſans l'aide de la premiere jointure du bras, ainſi que les lignes aſpirales ſimples ou multipliées de toutes formes & ſituations, lignes mixtes, droites, & generalement toutes autres du bras levé, dont l'étendue n'eſt plus à la puiſſance des doigts, obſervant les poſitions differentes audit bras, pour les figures qui les requierent. Voyez les figures au point étoilé.

La ſeconde jointure, qui eſt le coude, fait mouvoir ſa deuxiéme partie directement & indirectement. Le premier mouvement eſt direct, eſt celui qui ouvre le bras, & le met dans toute ſon étendue. Le ſecond mouvement eſt nommé indirect ou moins puiſſant, lequel eſt celui qui nous ſert le plus pour nôtre Art dans les productions des majeurs, en formant des parties à droit & à gauche, ayant le propre encore de mettre ſa partie ſur trois côtés; le premier, ſur le dedans du bras, dans lequel mouvement ſe trouve celui que nous faiſons pour la liaiſon de nos mineurs de tous caracteres; le ſecond, ſur celui du côté du petit doigt, & le troiſiéme, ſur le dos ou dehors de la main; le quatriéme côté du bras, eſt à la puiſſance de la premiere jointure dudit bras, & non à la ſienne.

La troiſiéme jointure, qui eſt le poignet, porte par ſon mouvement ſa troiſiéme partie, qui eſt la main à droite & à gauche, dont la puiſſance eſt beaucoup plus grande du côté gauche que du droit, la main poſée alors ſur la même ligne que celle du bras, lequel mouvement ſe nomme directe, *l'indirect ne nous ſert de rien*, ſa puiſſance étant égale.

La quatriéme jointure, eſt la racine des doigts qui fait incliner leſdits doigts par ſon mouvement du côté du dedans de la main, ce qui eſt action naturelle & directe; l'indirecte portant à droite & à gauche les doigts lorſqu'ils mouvent ſeuls, mais enſemble, cette action eſt peu puiſſante; &c. des deux dernieres jointures deſdits doigts; ceci étant ſuffiſant pour faire connoître telles autres puiſſances que ce puiſſe être; toutes leſquelles jointures il eſt d'une grande conſéquence d'exercer conjointement & ſéparément le plus qu'il ſera poſſible, afin de ſentir parfaitement tout ce qui eſt expliqué dans cette Table, & par là d'acquerir en exerçant en peu de tems, la fléxibilité, la juſteſſe & la vivacité de ces mouvemens ſi neceſſaires pour ſe perfectionner dans cet Art, ſur la forme des figures des modeles de ce Livre, traits, paſſes majeurs, &c. le commencement duquel exercice ſera fait doucement, afin de reconnoître quand le mouvement d'une jointure vient au ſecours de l'autre, après quoi on formera ces figures un peu plus vîte, & continuant en plus juſqu'au point de les former avec un air de vivacité, mais toujours ſe poſſedant ſur les mouvemens, & ſoutenant le plus qu'il ſera poſſible, la forme des figures; & pour cet effet, je dis que la puiſſance de ce bras eſt d'executer la plus grande partie de ce qui ſe preſente à nôtre imagination, non-ſeulement pour ce qui regarde cet Art, mais pour tous les autres dont l'attitude du corps augmente ou diminue la puiſſance des mouvemens de la plus grande partie des jointures de ce bras, comme auſſi plus ou moins haut aſſis; mais comme nous n'avons beſoin que de ce qui eſt néceſſaire pour celui-ci, ſuivant la poſture du corps qui eſt établie dans ſon chapitre, de laquelle nous allons établir la puiſſance de ces deux jointures, commençant par la premiere, qui eſt celle de l'épaule & la plus puiſſante, & dont les autres reçoivent de l'aide & du ſecours pour le bras levé comme pour le poſé; nous remarquons ſenſiblement que le mouvement de cette jointure eſt plus puiſſant en elle-même que celle du coude, & par conſequent que les autres pour telles parties de traits que ce puiſſe eſtre, étant plus bornées en elle-même en derriere qu'en devant, lorſqu'elle fait partir le bras du milieu du côté droit du corps, laquelle action peut former une ligne droite de gauche à droite, qui eſt deſignée *A. B.* & ce ſans l'aide de la ſeconde jointure qui eſt le coude, à la fin de laquelle, ligne qui eſt *B.* la premiere partie du bras eſt ſituée oblique, laquelle ligne *A. B.* ne peut être continuée plus longue par le mouvement de cette premiere jointure, parce que la plume s'enleve par dégrés de deſſus le

A ——————————————————————— B ———————————————

papier ; mais desirant conduire cette ligne plus longue que *B.* il faut alors que le mouvement indirect de la seconde jointure, qui est le coude, forme de suite depuis *B.* jusqu'à *C.* ou environ, & qui peut être continuée encore plus longue en ligne oblique ou courbe: Ainsi nous disons pour prouver que l'action mixte est réelle dans les jointures du bras pour ses productions lorsqu'il est levé, formant des figures de l'écriture, que la distance ou ligne *A. C.* est formée des deux premieres jointures, sans parler des doigts qui n'ont pas besoin par leur action pour la forme de cette ligne, laquelle ligne *A. C.* peut être continuée jusqu'à D. & même plus, & ce par l'aide du mouvement qui reste à la premiere jointure de l'épaule ; je croi qu'il est indispensablement nécessaire de donner ces explications, qui n'ont point encore été établies par aucun Auteur, pour faire connoître l'origine de tous les mouvemens & leurs puissances, par lesquelles il est aisé de pénétrer plus loin, non-seulement sur ce qui se produit à bras & main levée, mais encore pour le bras & la main posée dans l'explication du point donné ci après ; il m'a toujours paru que les termes généraux dont tous les Auteurs se sont servis pour la production des figures des caracteres tant majeurs que mineurs, n'ont pas aidé à donner quelques définitions necessaires sur les mouvemens, puisque tout roule sur ces mots : *Employer le bras & les doigts plus ou moins plians, & allongeant rectement ou circulairement ; & encore sont ces auteurs-là qui m'ont paru les plus vrais, quoique de peu de secours sur les exercices des mouvemens, puisque tout le monde peut en dire autant.*

C D

Seconde démonstration.

EXPLICATION contenant ce que les mouvemens seuls & conjoints peuvent produire sur chaque position du bras, établis sur les lignes de la Figure premiere du point ci-après designé par l'étoile, applicable à toutes les parties de l'écriture, qui sont à la puissance du mouvement mixte des doigts & du poignet.

* *Nota.* On peut se servir du mot d'ouverture du bras, au lieu de positions; si on croit que cela induise à confusion, avec position du bras levé, & position posée, on peut dire premiere ouverture, qui est le premier dégré oblique, seconde ouverture, qui est le second dégré d'oblique, soit pour le bras posé & le levé.

Du point donné ci-après, & de l'autre part designé par les étoiles, il est tiré plusieurs lignes, sur chacune desquelles est établie la puissance de l'action des doigts & du poignet dans chaque position du bras, qui font connoître, à peu de difference, la cause pour quoi il est produit des parties plus longues les unes que les autres dans les Figures des caracteres.

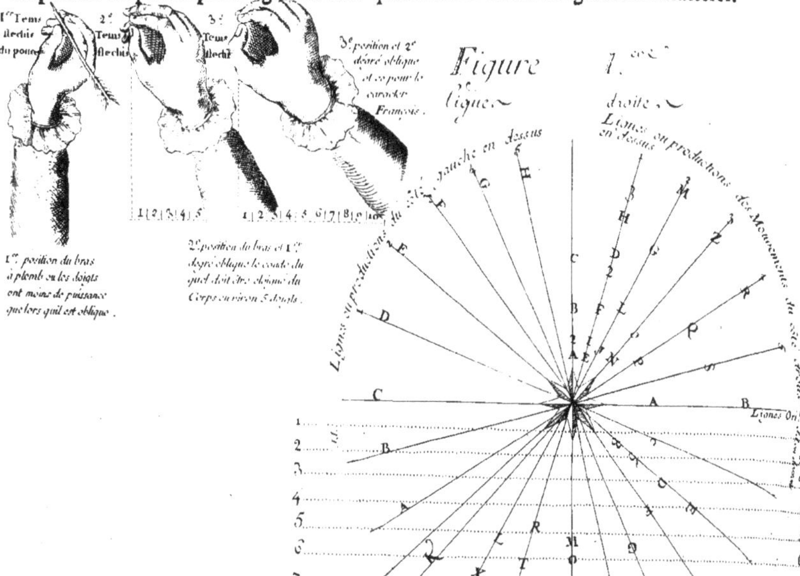

* La 1re puissance ou production du mouvement des doigts, commencée par l'action montante du pouce les doigts sur le premier tems, fléchi ou plié le bras sur cette ligne, & l'extrêmité du doigt majeur, se trouvant posée sur la 2. 3. & 4. lignes des points, laquelle puissance peut produire une ligne depuis ce point central designé par l'Etoile, jusqu'au haut de la lettre *A.* laquelle action des doigts peut porter une ligne plus haute, en apuyant un peu plus la main, observant de ne point aider le mouvement secret du bras montant, qui peut la produire plus longue, laquelle augmentation par l'un ou par l'autre moyen, n'est plus naturelle.

Production de la position du bras à plomb sur cette ligne.

La seconde puissance, les doigts sur le second tems fléchi, peut produire une ligne montante, depuis le point central jusqu'au bas du *B.* & l'extrêmité du doigt majeur posé sur les lignes de points 1. & 3.

La troisiéme puissance ou action, est depuis ce point jusqu'au haut de *C.* observant que l'extrêmité du doigt majeur soit placé selon qu'il est besoin, pour cette production comme pour les autres. **

Ligne à plomb, production montante.

* *Nota.* On observera de tenir la plume de la même maniere qu'il est expliqué au chapitre de la tenuë, soit pour les lignes droites, ou pour les courbes ci-après.

** *Nota.* On observera à proportion de ce qui sera nécessaire pour la production des lignes, de descendre ou de monter la main sur les lignes des points cotés depuis 1. jusqu'à 8. & dont on ne parle que dans les deux premiers articles; ce qui est suffisant pour tous les autres.

La

Ligne 1re oblique ou circonfé-rence, côté droit du haut.

** Production de la position du bras sur le 1. dégré d'oblique.*

La premiere puissance ou action montante par le pouce, les doigts sur le premier tem fléchis, le bras posé sur la ligne oblique du premier dégré, l'extrêmité du doigt majeur posée environ sur la 3e & 4e lignes des points cotés depuis 1. jusqu'à 8. laquelle action des doigts peut produire une ligne, depuis le point central jusqu'endessus du chiffre 2. qui est sur cette ligne à plomb

La deuxiéme, sur le second tems fléchi, peut produire une ligne à plomb depuis ce point donné jusqu'au bas du *C.* observant que le doigt majeur soit placé comme il convient sur les lignes des points.

La troisiéme puissance ou action desdits doigts sur le troisiéme tems fléchi, montante par le pouce, est depuis ce point jusqu'au chiffre 3.

Production de la position du bras sur le 2. dégré d'oblique.

La premiere, seconde & troisiéme puissances des doigts sur les trois tems fléchis, sont encore plus étenduës sur cette position de bras, &c.

Production de la position du bras à plomb.

La 1re puissance ou production sur cette ligne, par le 1r tems fléchi ou plié, est depuis ce point jusqu'au haut de l'*E*.

La seconde, jusqu'au bas d'*F*, pour le second tems fléchi.

La troisiéme puissance par le troisiéme tems fléchi jusqu'au tems allongé des doigts, produit depuis ce point jusqu'endessus le chiffre 2. qui est sur cette ligne.

Production de la position du bras oblique au 1. dégré.

La premiere puissance ou production du premier fléchi le bras sur cette ligne, est à peu de difference que celle de la premiere position du bras à plomb, qui est *E*.

La seconde puissance est depuis ce point jusqu'au haut de l'*F*, & un peu plus.

La troisiéme, jusqu'au bas de *D.* tout au plus.

*** Production de la position du bras sur le la ligne du 2. dégré d'oblique.*

La position du bras sur cette ligne, augmente la puissance de l'action des doigts sur tous les tems fléchis; ce que l'on exercera, ainsi que sur la derniere, où l'on trouvera ces productions diminuées par proportion de ce que le bras approchera d'estre posé sur la ligne à plomb traversante de gauche à droite, que l'on exercera pareillement, & sur toutes les autres productions ou lignes ci-après, pour connoître les differences.

Production de la position de bras posé sur la ligne à plomb.

Le bras posé sur la ligne à plomb, pour produire sur les premiers fléchis, forme une ligne, depuis ce point jusqu'au bas d'*I*.

La seconde production sur le second tems fléchi, produit une ligne depuis ce point jusqu'environ au bas de l'*L*.

La troisiéme, sur le troisiéme tems fléchi, porte une ligne de ce point jusqu'au bas d'*M*, au bout de laquelle ligne le mouvement du poignet aide ce tems fléchi, depuis la barre jusqu'endessous de cette *M*.

* *Nota.* Les positions du bras oblique du premier dégré, comme du second, prouve clairement que cette position du bras donne puissance aux doigts, de former une ligne plus longue que sur la position à plomb; & par cette raison plus de facilité indistinctement pour les parties montantes & descendantes.

** *Nota.* Dans cette production est contenuë une explication qui regarde toute les autres.

Ligne	Position du bras	Production
Ligne 2e oblique ou circonférence, côté droit.	*Production de la position du bras sur le 1. dégré d'oblique.*	La premiere production sur le premier tems fléchi des doigts, est depuis ce point jusqu'au haut d'*I*, & un peu plus, &c. en augmentant pour le deuxiéme, troisiéme & dernier tems fléchis, dont le dernier tems ne peut aller que jusqu'au haut de *G*. * ou environ.
	Production de la position du bras sur le 2. dégré oblique.	Cette position fera une difference en moins des deux autres sur chaque tems fléchi des doigts, que l'on exercera cependant.
Ligne 3e oblique ou circonférence, côté droit du haut.	*Production de la 1re position du bras oblique.*	La production du premier tems fléchi des doigts, le bras posé sur cette ligne, est depuis ce point étoilé, jusqu'au bas d'*N*, à la fin de laquelle ligne *N*. se peut & se finit par l'action indirecte des doigts. La seconde production ou puissance, est depuis ce point juqu'au haut de l'*O*. au bout de laquelle le mouvement du poignet aide celle des doigts par son transport par dégrés, ainsi qu'aux autres lignes ci-après ; c'est ce qui se nomme *action mixte*. La troisiéme production, est depuis ce point jusqu'au haut du *Z*. l'action étant mixte pour cette production, depuis *O*. jusqu'audit *Z*. l'on remarque que l'action du poignet devient bien sensible, & descendant du haut de ces productions pour aller au point, elle l'est encore plus, lorsque le bras est posé sur le second & troisiéme dégré oblique de chaque tems fléchi des doigts.
	Production de la 2. position du bras oblique, &c.	*Idem*, que ci-dessus exerçant.
Ligne 4e oblique, côté droit du haut.	*Production de la 1re position du bras oblique.*	La production du premier tems fléchi des doigts, est très-petite, qui ne peut rien sur cette ligne que par celle du poignet, ainsi la ligne depuis ce point jusqu'au bas de *P*. La production du second, est depuis ce point jusqu'à la lettre *Q*. Celle du troisiéme, est de ce point jusqu'à *R*. lesquelles productions sont de l'action mixte des doigts & du poignet, roulant ou passant la main de gauche à droite par le mouvement de ce poignet.
	Position du bras du 2. & 3. dégrés oblique.	La seconde & troisiéme position de bras, augmentent beaucoup celle du poignet, & les productions de la derniere position oblique, sont toutes faites du mouvement du poignet, lesquelles ne sont que curieuses.
Ligne 5e oblique du côté droit du haut.	*1re position du bras oblique.*	Le premier, deux & troisiéme tems fléchis, étant si diminués, que le premier suffit, pour avec le transport du poignet (ce qui fait un mouvement mixte) former une ligne depuis le point étoilé jusqu'au bas de l'*S*, & même ce fléchi ne se trouve pas achevé, parce que l'on ne peut porter le poignet plus loin pour finir ce tems fléchi, à moins que de

* *Nota*. On remarquera que la puissance des doigts pour produire une partie sur cette seconde ligne oblique, a moins de production par la position du bras au premier dégré d'oblique, que lorsque ce bras est posé sur celle à plomp, qui porte une ligne depuis ce point jusqu'à *M*. les doigts du dernier tems fléchi, à celui alongé ; au lieu que sur la position du bras oblique du dernier fléchi au tems alongé, ils ne peuvent produire qu'une ligne du point donné, que jusqu'au haut de *G*, ce qui fait une difference de production : le bras plus oblique en fera encore une plus grande. Ce *nota* avec celui de l'autre part, suffisent pour connoitre toutes les differentes productions.

		renverſer la main ; ce qui n'eſt plus naturel, & ce qu'il faut éviter, non-ſeulement pour toutes ces lignes ou productions, mais encore pour tout ce qui eſt formé de caractere mineur ou majeur, bras poſé ou levé.
	2e & 3e poſition du bras oblique à la droite.	La ſeconde production de cette poſition du bras de gauche à droite, ou de droite à gauche, eſt entierement du poignet par la rencontre de l'oblique à l'oblique; ainſi on eſſaïera où celle du poignet peut aller, ſans gêne ou renverſement de main, ſoit de cette poſition ou de la troiſiéme, examiner s'il y a quelque difference, leſquelles productions forment nos déliés tranſports de poignet.
Ligne horizontale.	*Poſition du bras à plomb.*	Cette ligne horizontale traverſante de gauche à droite, eſt produite par le mouvement ou tranſport de poignet ſeul juſqu'à l'*A*, ſans l'aide de l'action indirecte des doigts, lequel mouvement du poignet étant aidé par le premier fléchi des doigts, à celui allongé de ceſdits doigts, peut porter une ligne droite de ce point juſqu'à 6. avec juſteſſe.
	Poſition du bras oblique, 1. 2. 3. &c.	Ces poſitions de bras diminuent par proportion la production ou le mouvement du poignet, & qui mettent la plume ſur une mutation oblique, à exercer.
Ligne 1re oblique, côté droit du bas.	*Poſition du bras ſur la ligne à plomb.*	L'action des doigts aide celle du poignet & non le bras, mais peu, depuis ce point juſqu'au *C.* laquelle action de doigts eſt ſur la fin, & vers ce *C.*
	Poſition du bras oblique, 1. 2. 3. dégrés, &c.	Exercer ſur ces poſitions du bras, qui diminuent par proportion la puiſſance du poignet, & augmentent un peu celle des doigts, ce qui ſe nomme *action mixte.*
Ligne 2e oblique, côté droit du bas.	*Poſition du bras du 1. dégré d'oblique.*	La production de l'action mixte ou puiſſance, peut porter une ligne de ce point les doigts ſur le tems allongé au ſecond tems fléchi juſqu'au chifre 5, & du tems allongé au dernier fléchi, produiſent, avec le poignet, une ligne juſqu'au *D.* qui plus loin eſt avec gêne.
	Poſition du bras oblique, 1. 2. 3. &c.	De ce point par cette action mixte, il peut eſtre produit une partie du premier tems fléchi au ſecond juſqu'au huit, pour une poſition de bras du ſecond oblique & pour les autres. *Voyez* juſqu'à *E.* &c. obſervant que les doigts ne contraignent pas la main en deſſous, de s'élever & faire trop de jour pour les trois tems fléchis qui ſeront exercés.
Ligne 3e oblique, côté droit du bas.	*Ier. dégré de poſition oblique.*	La production du mouvement mixte, eſt depuis ce point juſqu'au bas d'*F*, ou un peu plus bas, les doigts ſur le tems allongé au dernier fléchi, exercé pour les autres tems fléchis.

* *Nota.* Exercer la flection des doigts pour les aſſouplir, juſqu'au point de contraindre la derniere jointure du pouce, de donner par ſa flection ſecours à la premiere, dans les parties où ils en eſt beſoin pour le dernier tems fléchi.

	Positions du bras du 2. 3. &c. dégrés d'oblique.	Exercer sur cette position les trois tems fléchis, & remarquer l'augmentation des productions causées par ces positions differentes, & où l'action du poignet finit.
Ligne 4e oblique, côté droit du bas.	*Ire position oblique du bras.*	La production depuis le point jusqu'au bas de *G.* est de l'action des doigts du tems allongé jusqu'au dernier fléchi, dans laquelle partie est contenuë le premier & le second tems.
	2. 3. &c.	Pour cette position de bras, voyez la ligne depuis le point jusqu'à l'*H*, les doigts comme il est dit ci-dessus, *exerçant* idem.
Ligne 5e oblique, côté droit du bas.	*Position du bras oblique, 1. dégré.*	La production de l'action seule des doigts, forme une ligne sans aide, depuis ce point jusqu'au haut d'*I*, par une rentrée des doigts en dedans la main, dans laquelle étenduë est contenuë le premier, deux & troisiéme tems fléchis, soit montant comme descendant.
	Autres positions obliques.	Cette position augmente encore la puissance des doigts; qui peut porter une ligne du point jusqu'à *L*, & plus oblique du 3. dégré, sera produite encore plus longue.
Ligne à plomb, qui partage le côté droit & le gauche endessous, pour le caractere François, Gothique & Romain.	*Position du bras à plomb.*	La puissance seule des doigts sur cette ligne à plomb, est depuis ce point jusqu'au haut d'*M* du tems allongé au dernier fléchi sans gêne.
	Position du bras du 1. oblique.	La puissance ou production seule des doigts, est depuis ce point jusqu'au bas d'*O*, dans laquelle étenduë est contenu le premier, second & troisiéme tems fléchis, ce qui fait une ligne plus longue que l'*M.**
	Positions du bras des differens obliques.	La puissance ou action des doigts, peut descendre une ligne de ce point jusqu'au bas de *P.* le bras sur le 3. dégré oblique, peut donner puissance & facilité aux doigts de la descendre jusqu'au bas du *Q.*
Ligne 1re oblique, côté gauche endessous, qui est pour la bâtarde & coulée.	*Position du bras sur la ligne à plomb.*	La production de la puissance du mouvement des doigts du tems allongé au dernier fléchi, est depuis ce point jusqu'au haut de l'*R.* *Voyez* les deux autres tems.
	Position du bras sur le 1. dégré d'oblique.	La puissance des doigts sur le tems allongé au dernier fléchi, est environ depuis ce point jusqu'au bas du *T.* essayés pour les premier & deuxiéme tems fléchis, soit pour les parties descendantes ou montantes.
	Position du bras à plomb.	La production des doigts de cette position, est depuis ce point jusqu'au bas d'*V* du tems allongé au fléchi: essayés les autres tems & les autres positions de bras, pour connoître la difference des unes aux autres. **

* *Nota.* On établi la production ou puissance des doigts sur le tems alongé pour faire connoître les 1. 2. & 3. tems fléchis, descendant, commençant toutes les mineurs sur le tems du premier fléchi, & non sur celui alongé.

** Ceux qui feront bien aise de former des productions sur la position du bras à plomb aux septiéme ou huitiéme endroit où il n'en est point fait mention, les exerceront.

La

Ligne 2e oblique, côté gauche endessous.	*Position du bras à plomb.*	La production des doigts sur le tems allongé, est depuis ce point jusqu'au bas d'*L* au dernier fléchi.
	Position du bras du 1. dégré d'oblique.	La production ou puissance des doigts du tems allongé au dernier fléchi, l'indexe touchant legerement l'ongle du pouce, peut produire une partie sans gêne jusqu'au bas d'*X*, la derniere jointure du pouce assouplie, pour aider non-seulement à cette production, mais à toutes les autres, le mouvement du poignet prenant naissance à cet *X*. Essayés sur les autres tems fléchis.
	Position du bras du 2. & 3. dégrés d'oblique.	La production ou puissance du mouvement mixte, mais celui des doigts le plus dominant, est depuis ce point jusqu'au bas d'*Y*. Essayés au surplus les autres tems fléchis pour leurs productions sur toutes positions du bras oblique.
De la ligne designée 4. & 7.	*Position du bras sur le 1. dégré d'oblique.*	Pour le mouvement mixte, où est contenu le grand & partie du petit du poignet, & celui des doigts du tems allongé au dernier fléchi, lesquels ensemble peuvent porter sans l'aide du bras, une ligne, depuis ce point jusqu'au 4. l'action des doigts finissant au dernier fléchi sur le 4. & de ce 4. de l'action seule du poignet conduire jusqu'au 7. qui vers son extrêmité devient courbe, lesquels mouvemens ne peuvent monter que de ce qu'ils ont descendu, & non passer à la droite sans soulever le bras; ce qui n'est plus naturel.

Operant pour le restant des lignes *A. B. C. D. E. F. G. H. K.* suivant la connoissance que nous avons de l'explication & de la production des autres; ce qui est plus que suffisant pour faire connoître tout ce qui peut estre produit de lignes entre celles de ce point, & sur lesquelles on peut établir la puissance de l'action des doigts & du poignet seuls ou ensemble, observant pour le bras posé sur la table, & la main sur la même ligne du bras.

1°. Que le poignet sur telle position de bras que ce puisse estre, a moins de puissance ou de production du coté droit que du gauche.

2°. La plume plus haute tenuë, produit des lignes plus longues que la basse.

3°. On fera attention qu'entre les principales positions de bras, il en est d'autres que nous nommons mutations de ces positions, lesquelles causent des productions differentes par les doigts en plus & en moins des autres que l'on essayera aussi jusqu'au point de mettre le bras à la deuxiéme partie sur la ligne à plomb, traversante de droit à gauche, dont on examinera aussi les productions.

4°. L'on exercera la puissance du poignet seul ou conjoint sur chaque position de bras, tant du coté gauche que du droit de ce poignet.

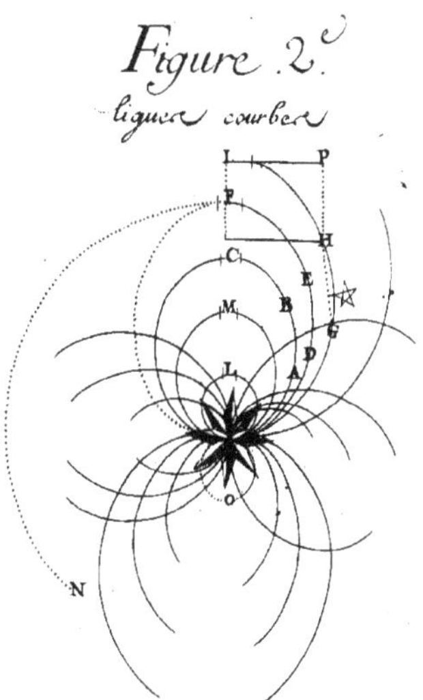

Le côté droit du haut.

Production du mouvement mixte sur la position du bras a plomb.

La premiere puissance du mouvement mixte, les doigts sur le premier tems fléchi à celui allongé, le bras posé sur la ligne à plomb, produit un demi cercle, les doigts montans depuis ce point *L.* qui forme un demi cercle.

La puissance, *idem* 2. sur le second tems fléchi, produit en montant du point une ligne courbe jusqu'à *M.*

La troisiéme puissance est sur la ligne *C.* de ce point à cette lettre, sur laquelle ligne courbe est contenue la production du premier tems fléchi *A.* & du second *B.*

Production du bras sur le 1. dégré oblique.

La puissance de ce mouvement mixte, les doigts sur le premier tems fléchi, est depuis ce point jusqu'à *D.*

Le second tems fléchi à celui allongé à *E.* & de cet *E.* on peut porter une ligne de cette action mixte jusqu'à *N.* qui est le dernier tems fléchi.

Exercer sur les autres positions & lignes la même chose, & sur chaque tems fléchi.

Troisiéme tems *idem*, de ce point à *P.* ou *I.*

Production du bras sur le 2. dégré oblique, &c.

Premier tems fléchi des doigts, production mixte de ce point à *G.*

Second, *idem*, de ce point à l'*H.*

Troisiéme, *idem*, du point à *I.*

On exercera sur les autres positions du bras jusqu'à celle qui se trouvera sur la ligne horizontale pour avoir connoissance de tout, & y former des demi cercles ronds ou ovales de telles situations que ce puisse être, & des trois tems fléchis.

Côté gauche du haut.

Production du bras sur la ligne à plomb.

Premiere production du côté gauche de ce point à *L.*

Seconde, *idem*, du point à *M.*

Troisiéme, *idem*, du point à *C.*

Pour toutes productions obliques des autres lignes.

On observera d'exercer sur telles autres lignes que ce puisse être, & sur toutes les autres positions de bras.

L'on peut connoître dans une ligne courbe faite de mouvement conjoint, ce que chaque mouvement a produit en particulier, & lequel est le plus dominant, soit à bras posé ou levé.

Exemple du mouvement mixte à bras posé.

Le plus dominant pour la forme de la ligne courbe *G. H.* est l'action des doigts directe montante, & la moins dans cette ligne est celle indirecte de ces doigts * ou du poignet, lequel ou celle des doigts, ne donne dans toute la hauteur de cette ligne *G. H.* que de la largeur de cette petite ligne traversante étoilée; qui est environ onze fois moins large que l'autre n'est haute.

Autre Exemple.

Le plus dominant de la ligne courbe *H. I.* est celle du poignet, puisque la ligne *P.* qui va rendre à *I.* est environ un tiers plus large que n'est celle des doigts *H. P.* &c. pour toutes autres que les curieux seront bien-aise d'exercer.

* L'indirecte des doigts, parce qu'elle peut former cette ligne, & quelque chose de plus, mais dont l'exécution peut être plus gênée; c'est pourquoi nous devons nous servir de celle du poignet dans les passages de gauche à droite, & de droite à gauche.

2.e TABLE des effets de la plume, tant des 3. principalles situations que de leurs mutations, avec des explications qui font connoître le raport que tous les plains parfaits et imparfaits produits par les situations et les mutations de plume, ont aux lettres Majeures et Mineures, traits et passes

I.re Demonstration.

Sur la production des 3. generalles Situations de Plume, qui donnent 3. plains parfaits sur les lignes aplomb et orisontale, avec le raport que ces plains ont aux Majeures et Mineures, la quelle demonstration contient une explication sur d'autres plains parfaits, quoi que par les mutations de plume et ce causé par les mutations de lignes sur les quelles sont formes ces plains avec un raport aux majeures et Mineures.

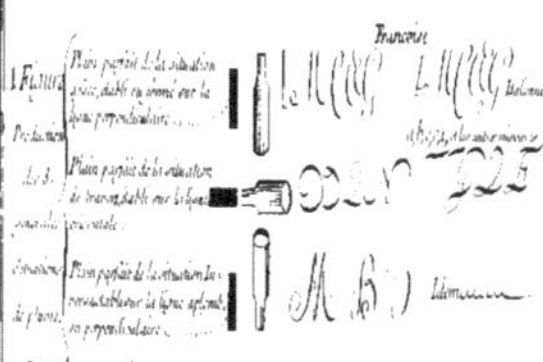

I.re Observation. Il n'y a que 3. situations de plume, l'oblique qui a été reputée pour situation n'est qu'une mutation de plume de la situation à face à celle de travers, et on auroit inque regardé pour autre situation de plume ce ne pourroit estre que celle qui forme un plain parfait sur la ligne horisontalement de droite à gauche de grand taille tourné de ce côté ce qui est encore la situation de travers que la situation Inverse est encore celle à face la quelle ne nous sert de rien pour nos caracteres de ce païs, puisque même la situation inverse nous est de tres peu d'utilité excepté aux M.[illegible]

2.e Observation. Chacune de ces 3. Situations ont leur productions + parfaites une plaine et un délié sur les lignes aplomb et orisontale, mais sur d'autres lignes les productions en sont différentes. Les mutations de plume de ces 3. situations ont aussi chacune en elle les 2 productions une plaine et l'autre déliée qui s'établissent sur les lignes obliques qui leurs sont convenables.

3.e Observation sur la production parfaite de ces 3. situations. [illegible]

Des plains parfaits des mutations de plume établis sur les lignes obliques

[illegible]

Exemple des plains parfait produits par les mutations de plume, dont l'établissement se fait sur les lignes obliques des degrés C.R. de la table des figures radicales majeures, et dont le raport est fait aux dittes majeures et mineures des 3. caracteres.

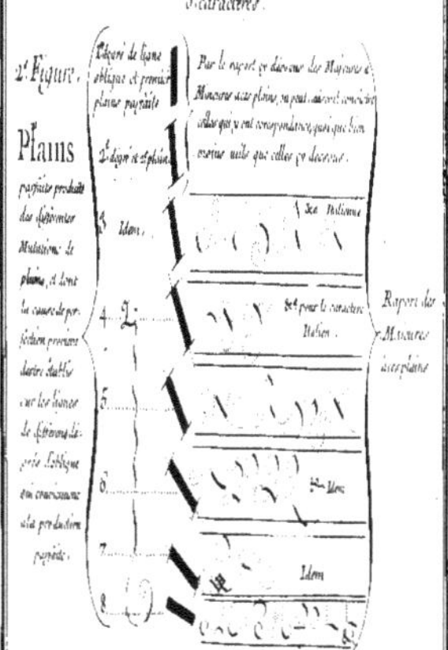

2.e Demonstration

Sur les Mutations des plains des 3. générales situations qui donnent des plains imparfaits, aux quelles il est un raport des lettres Majeures et Mineures.

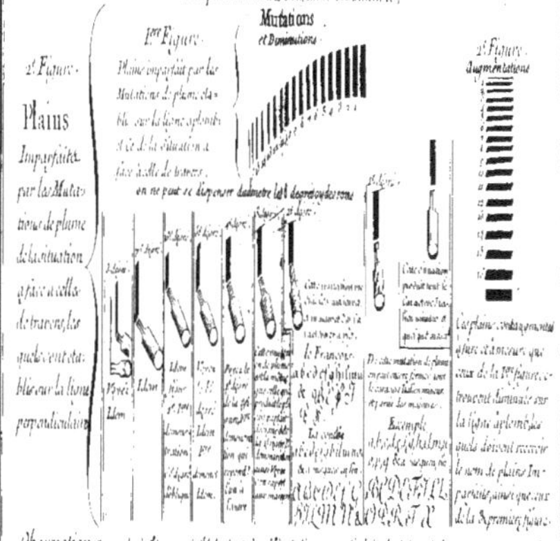

Observation. [illegible] ... et sur les lignes obliques de gauche à droite cette observation aussi ceux qui tournent la plume dans les rondeurs d, m, n, u, & où il arrive par ce mouvement qu'ils la font passer du premier degré de mutation jusqu'au 8.e [illegible] concernant les mineur. des 3. caracteres

Exemple de la diminution sur la ligne perpendiculaire, et de l'augmentation sur la Ligne orisontalle causée par les dittes mutations de plume, et dont l'usage se peut faire aussi sur les lignes obliques

Le plain réellement sur la situation à face donne son plain parfait sur la ligne perpendiculaire et ne produit qu'un délié sur la Ligne orisontalle designé sous le chiffre 1. de la deuxieme figure de cette demonstration.

La plume sur la mutation du premier degré de la premiere figure diminue comme il paroît le plain de la situation à face, ce degré de diminution sur cette ligne perpendiculaire, se trouve augmenté sur la ligne orisontalle dans la 2.e figure sous le chiffre 2, ainsy des autres degrés de diminution de la premiere figure les quels correspondent aux plains de la deuxieme figure. Le chiffre 3 qui est diminution repond à 3. de la deuxieme figure qui est augmentation d'epaisseur, le chiffre 4 repond à 4. Le 5 à 5. &c. des autres degrés de ces 2 figures.

Observation sur les dittes mutations de plume; On dira la plume doit estre pour former telle Majeure Françoise, ou telle Italienne pour le premier 2.e 3.e ou 4.e degrés de mutation de plume oblique, d'autant plus aisés à les reconnoître qu'ils sont cottés dans les figures de cette demonstration cy dessus.

Plains	3.e Figure. 4.e Figure.	Plains	5.e Figure.
Imparfaits formés par les Mutations de plume de la situation de travers, celle Inverse et dont on peut faire le raport aux lettres.	Le raport des majeures et mineures aux plains provenant des situations et des mutations de plume tant de la 1.re que de la 2.e demonstration cy dessus suffit pour faire connoître ce qui peut estre fait des plains provenant des situations et des mutations des figures 3, 4 et 5.	augmentés sur la ligne perpendiculaire à face et à mesure qu'ils par degrés que ceux des mutations de plume de la situation de travers se trouvent diminués sur la ligne orisontalle.	Ceux qui voudront établir les situations Inverse et le raport aux majeures et Capitales le pourront faire aisement, ayant donné pour exemples ceux des autres situations cy dessus.

4.e Demonstration

Sur le raport que les plains imparfaits (distribués en 3 Figures cy dessous) ont aux mineures &c.

Comme il est prouvé que de chaque situation de plume nous avons les plains parfaits, et qu'il y a 2 causes generalles qui nous donnent les diminutions de ces plains, La 1.re par les mutations de la plume et la 2.e par les mutations des lignes, c'est ce qui fait que l'établie les figures cy dessous, la premiere étant formée de la situation à face dans la quelle tous les différents degrés d'epaisseur des plains sont établis jusqu'à la production du délié ce qui est tout ce que l'on peut souhaiter de la production de cette situation à face, les quels degrés d'epaisseur proviennent des différentes mutations de lignes sur les quelles ces plains imparfaits sont produits, et non des mutations de plume. La 2.e figure est faite dans toutes les parties sur la mutation de la plume du 1.er degré oblique de la situation à face. La 3.e figure est formée sur le 2.e degré d'oblique, observant lors que l'on voudra en établir de semblables en plus ou moindre quantité, de ne point changer la plume lors de la formation des parties sur d'autres degrés que ceux établis. On Observera aussi ... que ces 2 dernieres figures ont en elles des causes de diminution de plume, qui sont différents de la 1.re figure ce qui est aisé à remarquer. Mais comme ... [illegible] ... nant pour ce la 1.re figure formée par la situation à face designée A, on ne peut point ... [illegible] ... plain naissant de l'O pour estre fini, doit contenir 7 degrés d'epaisseur qui se succedent l'un après l'autre; On ne peut pas en admettre moins que 4 degrés de cette 2.e partie de l'O ... partie ainsy de la 4.e de 5.e 6.e 7.e et 8.e du dit O, qui sont contenues dans la ditte figure operant pour les autres parties de même qu'aux premieres.

N.a Si on forme le Caractere Italien sur une mutation de plume on passera à la 2.e figure designée B, et on veut faire le raport on observera lors de la formation de ces figures qu'il est des plains imparfaits dans ces 3 figures qui par leur situation sont formés par le mouvement mixte des doigts et du poignet.

A
I.re Figure.

B
2.e Figure.

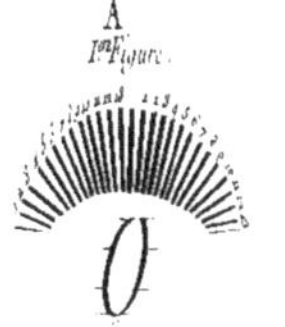

Production par la situation à face sur la ligne perpendiculaire.

Production sur la mutation de plume de la Situation à face.

C
3.e Figure.

Production de la 2.e mutation de plume ou environ.

3.e Demonstration.

Sur les Plains Imparfaits des situations de plume dans la 1.re colonne, dans la 2.e sur les plains Imparfaits, dont la diminution provient de 2 Causes, sçavoir une par les mutations de lignes et l'autre par celles de la plume, ainsy que dans la 3.e des 4 colonnes.

Situation à Face ou ses productions sur les lignes obliques	Situation de travers et Inverse.	Productions provenant des mutations de Lignes et de plume.
La 1.re production designée [illegible]	Les formes à l'on souhaitera figures de ces 2 situations ainsy que celles de la face [illegible]	Chacun de ces plains ont entre eux 2 causes de diminution ... [illegible]

1.re Figure
2.e Figure

Observation

Sur la plume fine, et celle à traits dont le bec est tres fin pour produire des déliés seulement, sont bien aussi des mutations, mais elles n'operent point de diminution d'un côté ni d'augmentation sur l'autre, attendu que de quelque côté qu'elles sont tournées elle ne peut produire qu'un délié ne l'ayant destinée que pour des déliés seulement ne recevant pour cette operation qu'un mouvement Leger et une fente proportionnée à cette usage; mais augmentant la fente de cette plume pour estre destinée à produire des déliés et des plains ensemble à leur ces situations et ces mutations sont fort necessaires à connoître et à observer pour la forme des Capitalles et des traits ... [illegible]

Trois.e TABLE des figures radicales pour les Majeures, avec une explication sur le moyen de les former, la quelle contient les lignes droittes, angles, parties de Cercles et Cercles entiers avec des Explications sur ces figures, aplicables aux parties de l'Ecriture.

1.ere Démonstration sur les Figures Radicales des Lettres Majeures.

Lignes mixtes.

La ligne mixte est composée de parties courbes, & parties droittes. Nous établissons qu'il en est de 3 sortes, La première est simple qui est composée d'une ligne droitte, et d'une courbe seulement, Exemple; La parfaitte est composée de 2 courbes et d'une partie droitte: Exemple et la tres parfaitte est celle produitte par une plume, qui par l'épaisseur de son bec luy donne des plains naissants et finissants &c. laquelle ligne est celle qui forme la plus grande de nos Majeures, et que je définis en 5 parties dans les figures ci à côté; La première partie de liée de cette ligne qui est sous le chiffre 1 se fait de l'action simple du poignet de droitte à gauche la formant à lors le bras posé sur 2e partie. La 2e partie de cette ligne se fait de l'action mixte des doigts et du poignet laquelle partie se nomme plain naissant, en courbe en dessus descendant de droitte à gauche La 3e partie est une ligne droitte formée par l'action simple des doigts. La 4e partie est formée par l'action mixte ou conjointe des doigts et du poignet laquelle partie est un courbe en dessous qui se nomme plain finissant La 5e est un délié formé par l'action simple du poignet de droitte à gauche ainsy que la 1re partie. On observera que la ligne mixte montant est formée des mêmes mouvements à la différence seulement que les 2 déliés se forment de gauche à droitte. Celles qui se produisent le bras levé se forment par l'action mixte des jointures du bras et des doigts, Ce mouvement des doigts est pour suti- ser l'irrégularité des 2 premières jointures du bras, celle du poignet n'ayant point d'utilité à cause que la jointure du coude a le même mouvement que celui du poignet et beaucoup plus étendu, et d'ailleurs plus convenable aux productions du bras levé, ce qui peut se reconnoître bien aisement. ligne mixte

Pour le caractere François	Pour l'Italien
cela est suffisant pour faire connoitre que les lignes mixtes forment en partie le restant des Majeures de ce caractere	cela est Idem ainsy que pour le Caractere de la Coullée panchée de plat en tout

2.e Demonstration sur les Figures Radicales des & Majeures.

Lignes Aspiralles.

La ligne aspiralle formant une bonne partie de nos Majeures entierement, ou en partie, comme il est aisé de le remarquer ci à côté; C'est pour quoi je donne une explication sur icelle, cette ligne est composée de 3 parties ou 3 moitiés de cercle, toutes trois différentes en hauteur et largeur, par ce que si elles ne l'estoient pas, elles ne pourroient pas former la ligne aspiralle; je la regarde comme simple en 3 parties de cercle, et comme parfaitte en 5 ou 6 et plus parfaitte, plus le nombre de cercle est augmenté; mais ce nom de parfaitte n'est qu'encore le plus de cercles, car pour recevoir le nom de parfaitte encore la forme pour notre Ecriture il faut soit qu'elle fût composée de plus ou de moindre quantité de cercles, que ce plus ou ce moins de cercles dont elle sera composée se trouvent formés par degrés, et en distance égalle; alors la ligne aspiralle, est parfaitte, mais si le bout ou extremité de l'une ou de l'autre partie de cercle de cette ligne se trouve plus ou moins encore a proportion des autres distances du corps de cette ligne, elle est imparfaitte quand aux distances; et alégant des productions faittes sur cette ligne par une plume dont le bec est gros, il me semble qu'elle peut recevoir un nom convenable aux effets de la plume qui se trouve plus ou moins grosse, pourvu qu'elle ne soit point fine, auquel cas la ligne n'est pas plus épaisse d'un bout qu'à l'autre, ainsi nous la nommerons ligne aspiralle tres parfaitte, ou ligne aspiralle reguliere. On observera que les mouvements qui la forment soit à bras posé ou levé sont mixtes, ne pouvant estre formée par une action simple, excepté celles qui sont ovaliques, lorsque, où il y a des parties de cette ligne qui se forment par l'action des doits, ou par celle du poignet et cela suivant la situation de la ligne aspiralle, lorsqu'elle est formée le bras posé à sa 2e partie ainsy voulant former la ligne aspiralle A, C, par l'action mixte du poignet et des doits le bras posé comme il est dit à sa 2e partie, il faut la commencer par A, que le pouce et les autres doits soient sur le premier temps flechi, ou flechi a proportion de ce qu'il sera necessaire par ce que de ce premier temps flechi, il faut produire de A, jusqu'à B, sans l'aide du bras qui est Etranger et faux pour cette production, et de l'A, B, ensuitte on decend au C en flechissant les doits ce qui acheveront cette ligne aspiralle simple, si la ditte ligne se trouvoit d'une etendue qui ne fût point à la puissance des mouvements des doits et du poignet, il faudroit la produire par l'action mixte des jointures du bras levé. Voiez la piece des traits servante à former les mouvements des jointures du bras où ses figures radicales tant aspiralles que lignes mixtes, les quelles sont établies regulierement et conformément à l'exercice qu'on en doit faire celles ci n'estant que pour en representer le contour et le raport qu'elles ont aux Majeures seulement.

Lignes aspiralles Irregulieres provenant du mauvais acord des mouvements.

comport de la ligne aspiralle est suffisant	Idem pour l'Italien et la Coullée

3.e Démonstration sur les lignes droittes

Lignes droittes parallelles

- Perpendiculaires sur les quelles sont formés les caracteres Romain, Gotique et François
- Obliques sur les quelles s'établissent le caractere Italien et celui de la Coullée
- Orizontalle ou traversante de droitte à gauche ou de gauche à droitte
- Parallelles liées ou assemblées ensemble ce qui forme des figures d'ornements de l'Ecriture irregulières &c.
- De différents degrés d'oblique sur lesquels sont établis toutes les parties de l'Ecriture minceur majeures traits passés &c.

On doit entendre par lignes parallelles quand deux lignes sont en distance égalle autrement elles forment une figure angulaire ou un angle.

C.E.

4.e Démonstration contenant les Angles qui sont les plus necessaires pour faire connoitre le raport qu'ils ont à l'Ecriture dont on peut faire l'aplication aux majeures &c.

Angles

- Le droit est de 90 degrés, ou le quart de cercle, le quel est formé de la ligne perpendiculaire et de l'orizontale &c.
- L'obtus vaut plus de 90 degrés estant plus ouvert, attendu que la ligne orizontalle est convertie en oblique
- Autres obtus formés par des lignes obliques de différents degrés et par consequent plus ouvert que le 1er.
- Aigue... Mixtiligne... Curviligne... se peuvent recevoir plusieurs situations.

5.e Démonstration contenant des Explications sur les liaisons des minceures, sur les parties de Cercles avec des noms convenables à leurs situations &c.

Lignes, Diagonale et Diametrale.

Lignes

La ligne diagonale est celle qui passe d'un angle à l'autre d'un carré, et qui n'est plus diagonale quand elle passe d'un angle sur une des lignes du carré ainsy les liaisons des m, n, du caractere françois et de la Coullée peuvent estre regardée comme lignes Diagonales. La ligne diametrale est celle, qui comme la diagonale partage un tout juste en 2 parties égalles, la quelle ligne n'est plus diametrale quand elle ne partage qu'une partie plus petite que la moitié; les auteurs qui ont traités de cet art l'ont employé à barrer les f, t, et destinées aux bas des, l, &, t, qui sont lettres finales, comme si ces figures de caracteres estoient des diamettres, et qu'elle passat au milieu juste des cercles au contre il me paroit plus naturele de leur donner le nom de ligne traversante pour f et t, et pour, l, &, t, de ligne orizontale, attendu qu'à ces trois lettres elle ne traverse point, mais q, t, et f, t,

Cependant on doit plutost recevoir les termes de ligne oblique que du 8e degré pour la Coullée du 8e degré pour lettre françoise.

Diametre et circonférance A.B.C D. centre et ligne diametrale E

Parties de Cercles

Parties de Cercles et noms qu'ils leurs sont donnés aplicables aux liaisons

Les liaisons des, m, n, e, c, u, l, t, i, y, des 3 caracteres minceurs n'ayant point reçu un nom convenable par ceux qui en ont traités, pour reconnoître leurs situations j'admettant pas le nom de convexe pour la liaison des, m, n, françoises, et de concave pour celles Italiennes, ainsy que pour, c, c, &, l, n, &c. on observera que ces liaisons, pour ce qui concerne les courbes ou parties de cercles, reçoivent chacun deux, le nom de concave, et de convexe, tout ensemble, l'on reconnoîtra par la figure ci à côté la situation des parties de cercles qui sont destinés aux liaisons des caracteres et par l'explication ce dessous

La 1.re partie reçoit pour l'écriture le nom de courbe en dessous côté gauche La 2e celui de courbe en dessous côté droit La 3e celui de courbe en dessous côté gauche. La 4e droit courbe en dessous. Le 5e et 6e courbe aplomb, ou flanc du cercle, le 5e côté gauche le 6e côté droit.

Concave l'interieur des parties de cercles designé par les croix convexe, l'exterieur designé par les Etoilles.

Parallelles courbes

Parallelles courbes

- Rondes...
- Ovaliques...

Cercles entiers

Cercles entiers

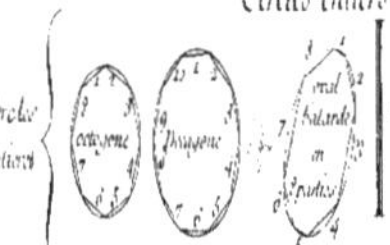

Ovaliques de toutes situations et qu'il en peuvent recevoir autant qu'il y a de degrés établis dans les lignes obliques, C.E. de la 3.e demonstration

Quatrieme TABLE des figures radicalles pour les Mineures des 3 caracteres, dont O, et l, sont les principalles figures, lesquelles sont definies de maniere qu'il est aisé de les former, et de connoistre le raport qu'elles ont a toutes les mineures

Pour le caractère Italien et celuy de la Coullée

Cette 1re partie se nomme délié, la quelle se forme par l'action simple du poignet par un mouvement de droite a gauche qui est employé aux mineures cy apres.

La 2e partie est un courbe en dessus côté gauche qui se nomme plain naissant du 1er ¼ cercle, le quel se forme de l'action mixte des doigts et du poignet, et qui est employé aux mineures cy apres.

La 8e partie est un courbe en dessus côté droit qui se nomme plain finissant le quel se fait par l'action simple des doigts du temps flechi ce lieu allongé la quelle partie a son raport aux mineures cy apres.

Cette 3e partie est le flanc gauche de l'O qui se fait par l'action simple des doigts en descendant par l'ondeur.

Cette partie 7 est le flanc de l'O du côté droit la quelle est formée par l'action simple des doigts par le pouce en montant, et qui est employée aux mineures cy apres.

Cette 4e partie est nommée courbe en dessous côté gauche plain finissant qui se fait par l'action mixte des doigts et du poignet.

Cette partie du 2e ¼ cercle se nomme courbe en dessous, plain naissant la quelle se forme par l'action mixte des doigts et du poignet.

La 5e partie se nomme délié le quel se fait par un transport de poignet de gauche a droite le quel doit estre aussy que le 1er délié, de la largeur d'un bec de plume

1 2 3 4 5 6 7 8

Cette partie délié se forme de l'action simple du poignet par un mouvement de gauche a droite, et quand cette partie vient du bas des m, n, &c elle est convertie en liaison, celle sous le chiffre 1 est employée aux mineures cy apres.

Cette 3e partie courbe est la 4e de l'O la quelle se fait par l'action mixte des doigts et du poignet; on doit somme devant la fin de cette partie d'incliner la main à la gauche afin que par cette inclination on se trouve sur le coin de la moitié de la plume du côté du pouce, pour former la liaison qu'on peut regarder comme une 5e partie la quelle se fait par les doigts

La 2e partie droitte oblique se forme de l'action simple des doigts commencée par l'ondeur, la quelle partie est employée aux mineures ci apres.

Cette 4e partie est un délié de gauche a droite de même que la premiere partie de cet l, la quelle se fait par un mouvement du poignet.

1 2 3 4 5

On peut, quoi qu'il n'ait que 2 mouvements qui forment toutes les parties de l'o, et celles des mineures, Etablie 5 opérations provenantes de ces 2 mouvts scavoir 2 opérations du poignet, l'une de droitte a gauche, et l'autre de gauche a droite, 2 autres simples, par les doigts, scavoir desendante et l'autre montante, la 8eme et 5e est formée par les 2 mouvements scavoir du poignet et des doits l'oval de la lettre coullée ne differe de celuy du caractere Italien, qu'en ce qu'il ne doit pas estre si ouvert, et plus alongé dans ces courbes

Figures Radicales de la Lettre Coullée

L'O et l'l de ce caractère ont les mêmes parties et mouvements que ceux du caractere Italien, les quelles lettres cy dessus ne different des autres Italiennes radicalles qu'en ce qu'elles sont formées de la 2e mutation de plume, ce qui diminue les plains des parties 2 et 3 de cet O et augmentent ceux des ¼ du 7e et 8e des autres parties de cet O ainsy que de celle de l'l, et des autres lettres de ce caractere, aux quelles on doit donner 7 becs ½ de hauteur et 5 de largeur on peut n'en donner que 7 de haut et 5 de large au sur plus la plume plus ou moins oblique fait la regle du plus ou du moins de hauteur des lettres, mais elle ne doit jamais passer 3 mutations.

Pour le Caractere François

observation.

Par le raport qui est fait cy a côté des mineures Italiennes a leurs radicalles O, et l, il est aisé de sentir celuy des figures du Caractere François

1 2 3 4 5

On doit connoistre que pour ce caractère touchant les rondeurs come O, a, g, &c qu'il n'ya point d'action simple des doits par consequent qu'il n'ya que 4 operations.

Figures Courbes qui ne different de l'O qu'en ce qu'elles se commencent, et finissent autrement, et qui peuvent estre regardées comme radicalles envers les parties ou elles ont raport.

Cette derniere partie qui est un bouton, et lace d'un bec de plume au dessus de la 1re partie et en la conduisant de gauche a droite presque de la largeur du bec de la plume et descendant un autre bec de plume en rentrant sur la fin de ce bec sur le plain du 1er bec eleve l'on doit nommer ces queues figures terminées.

Ce plain montant est par l'action du pouce, est simple des doigts qui doit s'etablir sur la ligne de pante du caractere ainsy que est la 3e partie de l'O il est aisé de connoistre son raport.

Cette partie est un plain naissant formé en courbe en dessous de droite a gauche de l'action mixte, qui se trouve employée aux parties ci apres.

Ce délié est le même que le premier de l'O mais il doit estre large d'un bec ½, on sentit sans faire son raport où il est employé.

1 2 3 4 5

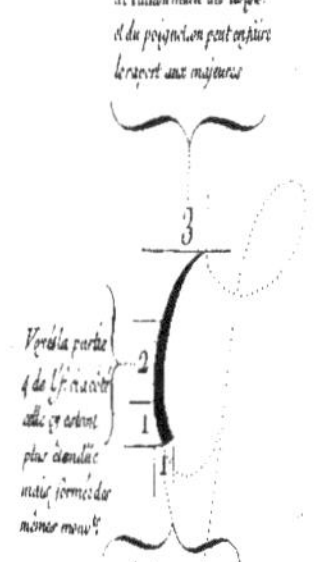

Cette premiere partie de la queue courbe qui passe en dessous du Caractere, se forme de suitte aux parties droites des queues des caracteres Italiens, et celuy de la coullée la quelle se fait par l'action mixte des doigts et du poignet en courbe en dessous de droite a gauche la quelle est employée aux mineures cy apres.

Cette partie est un plain finissant en courbe en dessus de gauche a droite formée de l'action mixte des doigts et du poignet, on peut en faire le raport aux majeures

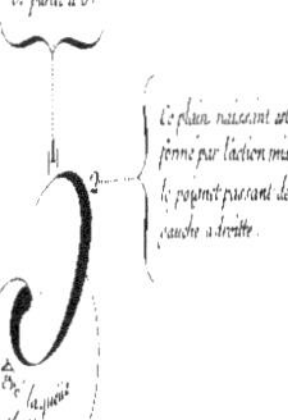

Voyés la partie 4 de l'f cy a côté elle cy estant plus étendüe mais formée du même mouvt.

1 2 3

Voyés la partie 3 du 8e f. mineure

Voyé le délié 5e partie d'O.

Ce plain naissant est formé par l'action mixte le poignet passant de gauche a droite.

Voyé la queue de l'f.

1 2

Figures Courbes Idem comme cy a côté

5e TABLE, ou explication de la plus grande partie des fautes ou mauvaises formes de lettres mineures qui se font dans l'écriture sur les caractères.

1°. Les rondeurs des lettres *m*, *n*, *i*, &c. sont ci à côté représentées à peu près de la même forme qu'elles se produisent en tournant la plume dans le bas de ces jambages ; ce qui les épaissis plus qu'elles ne doivent être, & diminuë, comme il paroît, l'épaisseur de chacune de ces lettres vers le milieu, à moins que cela ne fût produit par des mains qui ont une grande dexterité.

2. Les lettres ci-à côté, qui sont *o*, *u*, *e*, sont regardées comme fautives, quand les parties basses font un coude, & que le plain finit subitement comme à la lettre gothique.

3. Parties plattes dans les flancs des lettres *o*, *g*, *q*, *r*, &c. ce qui provient d'une action des doigts trop continuée.

4. Parties plattes dans le haut & dans le bas des rondeurs des lettres ci-à côté, provenant des mouvemens du poignet; ce qui multiplie les déliés.

5. Plein finissant trop court au haut des *o*, *a*, *g*, ce qui laisse trop d'ouverture.

6. Plein finissant desdits *o*, *g*, *q*, trop large ou plus avancé sur le délié qu'ils ne le doivent être.

7. Parties hautes desdites lettres pointuës, & les autres trop larges.

8. Les jambages *m*, *n*, diminués d'épaisseur dans le bas, provient d'un soulevé de plume, & quelquefois en inclinant le bras vers la fin de ce jambage.

9. Lettres talonnées dans le haut & dans le bas, ce qui arrive sur les *m*, *n*, de maniere que le haut de ces *m* paroît comme un genoüil, en commençant à descendre ces jambages de gauche à droite, avant que de former le jambage à plomb ; ce qui, selon moi, est une faute assés considerable, ainsi qu'il paroît à ces jambages talonnés au haut & au bas.

10. Les liaisons sorties sur l'extrêmité basse des jambages, & non immédiatement endessous, est une faute qui fait reconnoître le jambage pointu.

11. Liaisons sorties trop endessous le jambage; ce qui provient d'avoir continué à descendre la plume, après l'avoir mise sur le coin de l'angle par l'inclination du bras.

12. Liaison courbe en haut, & par conséquent contraire au vrai de la liaison, qui doit être oblique droite.

13. Jambage & rondeurs égratignées, qui viennent de plusieurs causes. 1°. Par peu d'exercice, ce qui fait que l'on ne sent point encore ces deux angles. 2°. Par un gros grain de papier. 3°. Par un papier trop verni, &c.

On peut juger des autres fautes par celles cy.

6e TABLE, ou explication des termes de l'Art.

Du caractere.	Le caractere en fait d'écriture, est une ou plusieurs parties courbes & droites qui forment des lettres, lesquelles servent à exprimer, par l'ordre qui y est donné, la pensée des hommes, telle qu'elle puisse être.
Posture du corps.	Attitude ou tenues du corps, est la même chose, & c'est ce qui est connu de tout le monde.
Position ou ouverture du bras.	Position, c'est-à-dire poser le bras sur la table; il y en a de trois sortes. La premiere, à plomb, c'est à dire le coude proche le corps, & le restant du bras aussi à plomb. La seconde, le coude se trouve éloigné du corps posé sur la table d'environ de quatre doigts de large; elle se nomme premiere position oblique. La troisiéme, est une ouverture du bras au coude plus que la premiere, d'environ quatre autres doigts de large, nous la nommons seconde position oblique.
Situations du bras.	Les situations du bras ont lieu dans chacune des positions; inclinations du bras ou situations, c'est la même chose. Ces inclinations se font du côté gauche par un mouvement du coude, lesquelles sont divisées en trois. La premiere, est bien une situation à plomb, qui ne nous sert que pour reconnoître les deux autres; mais elle ne reçoit pas d'inclination, il n'y a que les deux autres que nous nommons seconde situation, & premier dégré oblique; troisiéme situation, & second dégré du bras oblique;
Mouvement du poignet.	Ou action du poignet; ce mouvement vient de la jointure qui est entre le bras & la main, lequel la porte à droite & à gauche dans nos déliés, faits sur les deux angles de la plume.
Mouvemens des doigts. — *Des tems fléchis des doigts*	Le mot fléchi, incliné ou plié, c'est la même chose envers les doigts comme en toute autre jointure du bras. J'ai divisé leurs inclinations ou ployement en trois tems; Sçavoir, le premier, second & troisiéme tems fléchis, & cela par l'utilité que j'ai démontrée dans cette Méthode: j'ai donné un quatriéme tems, qui est celui allongé.
Mouvemens des doigts. — *Du terme de mouvement direct.*	Ou plus puissant qu'un autre mouvement, c'est la même chose; le terme de direct est pliant & allongeant les doigts.
Mouvemens des doigts. — *L'indirect.*	Le terme d'indirect, c'est-à-dire moins puissant, ce mouvement provient de la racine des doigts, qui chacun en leur particulier, se peuvent incliner ou porter à droite & à gauche, mais dont le mouvement est peu sensible lorsqu'ils tiennent la plume.
Des ouvertures de la plume.	La premiere, est sur le dos ou dessus, ou côté du dessus de l'aîle. La seconde, est sur le ventre, qui est le dedans de l'aîle ou interieur. La troisiéme, le grand tail, qui se forme sur le ventre.

Des differentes ouvertures pour tailler la plume.		La quatriéme & cinquiéme, ſont les ouvertures pour former le bec, l'une à gauche & l'autre à droite; ce qui ſe forme en cavant pour le caractere regulier, & en fauſſet pour l'expedié.
	Du mot de caver.	Le terme de caver, c'eſt comme creuſer, & ce pour les ouvertures du grand tail & du bec des plumes; mais plus pour celui du grand tail.
	Du mot de fauſſet.	Le terme de fauſſet, pointe ou en piramide, eſt donné pour le bec d'une plume d'expedition & à traits, ou grands coups produits du bras, pour la forme de ce bec on commence du haut des carnes à donner le coup du Canif tout droit, en l'achevant de cette maniere pour le former en pointe: obſervez pour ce caractere aiſé, ou moins expedié, qu'il ſoit moins en fauſſet.
	Du dernier coup de canif.	Le dernier coup, eſt celui qui acheve le bec de la plume, qui doit être donné vif, & oblique pour le caractere formé, & à face pour l'expedié, ce qui laiſſe les deux angles égaux pour l'un, & inégaux pour l'autre.
	Des angles de la plume.	Le droit eſt celui du côté des doigts, qui eſt le plus court pour le caractere poſé; le gauche eſt celui du côté du pouce, qui eſt le plus long.
	Tenuë haute.	La haute eſt celle qui ſort des doigts au majeur de la hauteur de ſon grand tail, pour tous caracteres expediés.
De la tenuë de la plume pour former les caracteres.	*Tenuë baſſe.*	La baſſe tenuë pour tous caracteres formés, eſt lorſqu'elle ne ſort du majeur, que depuis la moitié de la hauteur de ſon grand tail.
	Tenuë fauſſe.	La fauſſe eſt plus haute que ce qui eſt dit. Et la baſſe, *idem.*
Situations & mutations de plume à face.	*Des trois ſituations.*	Les trois principales ſituations, ſont, ſçavoir, une à face, la 2e. de travers, & la 3e. inverſe. La ſituation à face eſt celle, qui poſée ſur ſes deux angles, n'eſt point tournée ou inclinée du côté gauche, ni droit. La ſeconde, eſt celle de travers ou de côté, dont les deux angles ſont, ſçavoir, celui des doigts endeſſus, & celui du pouce en deſſous, entierement miſes ſur la ligne à plomb. La troiſiéme, qui eſt nommée inverſe, eſt celle dont le grand tail eſt en deſſus, & dont les deux angles ſont poſés ſans inclination ſur une ligne horiſontale de gauche à droite.
	Des mutations de plume.	Le mot de mutation ou changement de plume, eſt la même choſe. Une mutation de plume, eſt lorſque étant ſur la ſituation à face, on la tourne, ou deſcendant à gauche ou à droite, c'eſt ce qui ſe nomme mutation oblique, les deux premieres vers la gauche, ſervent pour toutes nos mineures & partie des majeures *Idem*, pour les differentes mutations qui ſe peuvent produire des deux autres ſituations, mais qui ne ſont neceſſaires que pour les majeures, traits & paſſes.

Des differentes lignes.	*Lignes droites.*	La ligne à plomb est celle qui n'est inclinée ni d'un côté ni de l'autre. La ligne oblique est celle qui s'incline soit à droit ou à gauche de plusieurs dégrez.
	Lignes paralleles droites.	Lignes paralleles droites, contiennent entr'elles une distance égale à leurs extrêmités.
	Angles.	Les angles sont composés de lignes droites & courbes. *Voyez* la Table ou l'explication.
	Des Lignes courbes du cercle.	Un cercle se partage en autant de parties courbes qu'il peut être donné de points sur icelui, en distance suffisante à pouvoir former un courbe ; ces parties sont nommées lignes courbes, ou parties de cercles.
	Ligne aspirale radicale.	La ligne aspirale, est celle qui est composée de notre demi cercle, dont l'un est plus grand que l'autre, laquelle se multiplie en augmentant le cercle, dont la plus grande partie de nos majeures sont composées ; ce que l'on nomme figure radicale ; ce nom d'aspirale, est parce qu'elle est formée de parties de cercles qui aspirent les uns après les autres, & qui contournent en s'augmentant.
	Ligne mixte. La plus parfaite est radicale pour les majeures, &c.	La ligne mixte simple, est celle qui n'est composée que d'une partie droite, & d'une partie de cercle ou courbe pour les liaisons des majeures de tous caracteres produites sur l'angle ou coin de la plume, & le mot de mixte est donné aussi pour les parties courbes, les descendantes ou montantes, formée par une grosse plume ou moyenne, &c. La parfaite de notre écriture, est celle qui est composée de deux courbes avec une partie droite. La plus parfaite, est celle qui avec ces lignes droites & courbes, est formée avec une plume dont le bec est large, qui produit cette ligne avec des déliés, pleins naissans, finissans & parfaits ; on doit entendre par le mot de mixte, une chose mêlée de plusieurs autres.
	La diagonale.	La diagonale, est celle qui passe d'un angle à l'autre d'une figure carrée, comme nos déliés ou liaisons de jambages des caracteres François & coulés. Cette ligne n'est plus diagonale, quand elle passe d'un angle au milieu d'une autre ligne du carré.
Des pleins droits.	*Parfaits.*	Le mot de parfait, appliqué aux pleins, est lorsqu'ils sont faits des trois situations de la plume, & non des mutations, qui diminuent l'épaisseur de la production. * Le mot de parfait est encore attribué aux pleins produits d'une mutation de plume oblique, qui seront descendus sur les lignes obliques des dégrés *E* & *C* de gauche à droite, ou montant de droite à gauche.
	Des imparfaits.	Le mot d'imparfait, est appliqué aux pleins produits sur les deux angles de la plume d'un dégré de mutation ou d'un autre, & qui ne sont imparfaits qu'envers les pleins des trois situations, mais parfaits en eux-mêmes au regard des plus parfaits.

* Montant & descendant pour la face à l'inverse, traversant de droite à gauche, ou de gauche à droite pour la situation de travers.

Des déliés droits.

- *Parfaits.* — Ce mot de parfait, est aussi donné aux déliés, pour connoître la difference de celui qui est produit net ou fin, d'avec celui qui est gros, ou qui approche du plein imparfait.
  Ce délié parfait, se produit de plusieurs manieres. *Voyez* l'explication, ou la Table des pleins & déliés.
- *Imparfaits.* — Les imparfaits proviennent des situations, comme des mutations, lesquels s'établissent sur differentes lignes convenables à ces productions de plume.

Des pleins courbes.

- *Des parfaits pour les mineures & majeures.* — Les pleins courbes parfaits, sont ceux dont les deux extrêmités sont un peu courbes, lesquelles soit des mineures Italiennes & Françoises, sont larges d'environ un bec, ainsi on jugera de-là pour ceux des majeures à proportion de la hauteur, largeur & pente.
- *Des imparfaits pour mineures & majeures.* — Les pleins courbes imparfaits, sont ceux qui sont naissans & finissans, montant comme descendant de droite ou de gauche de l'action mixte posée comme de la levée, ou du bras.

Des déliés courbes. — Les déliés courbes sont produits par la plume de travers par les revers du bec de la plume à traits, & par une plume d'un gros ou moyen caractere sur l'un ou l'autre coin de cette plume.

Du mot de radicale. — On doit entendre par le mot de radical ou racine, c'est la même chose, une figure de qui les autres tirent leur origine.
Il en est de deux sortes pour les traits qui sont majeurs, la ligne mixte & l'aspirale, & de deux autres pour les mineures; sçavoir, la lettre *o* & la lettre *i*, qui sont les principales.

Du bras posé ou levé plus ou moins sur la table.

- *Du posé.* — Le bras posé pour produire les parties à main basse, est lorsqu'il n'y a point de jour depuis le coude jusqu'au poignet, & de la main très-peu, quand elle mouve sur la situation du bras oblique du premier dégré.
- *Du levé.* — Le bras levé ou suspendu sans reposer, est pour lors en état de produire de vastes figures entre lequel & la table on y apperçoit du jour depuis le, coude jusqu'à l'extrêmité des doigts pour les majeures, abregés ou passes.
  Le bras levé parfaitement, est lorsqu'il est suspendu sur le papier à deux doigts & demi de distance, également de ses extrêmités propres pour les grands traits.
  Le soulevé convient pour les caracteres coulez.

Des mouvemens simples & mixtes.

- *Le seul ou simple.* — Il est de trois sortes de mouvemens simples, sçavoir;
  Le premier, celui des doigts seuls à bras posé comme levé.
  Le second, celui du poignet seul à bras posé, & qui peut mouvoir à bras levé.
  Le troisiéme, est celui du bras seul levé, qui prend sa puissance des jointures, de l'épaule & du coude, lequel est nommé circulaire, qui forme tous cercles.

	Le mixte, ou composé.	Les mixtes ou conjoints, sont de deux sortes. Le premier, est composé à bras posé du mouvement des doigts & du poignet. Le second, est des doigts & du bras, lorsque ce bras est levé. Mixte ou mêlé, c'est la même chose.
Des mots de mineures & majeures.	*Des majeures.*	Le nom de majeures est donné aux lettres qui commencent les noms propres, & autres endroits où il est necessaire lesquelles ont une forme differente des mineures, plus haute & plus large de beaucoup.
	Des mineures.	Celui de mineures est donné aux petites lettres qui se mettent de suite aux majeures.
Des proportions des majeures & mineures.	*La hauteur & largeur des mineures.*	La hauteur des lettres mineures est pour la Françoise de quatre becs & demi, & de largeur quatre ou environ ; ce qui se nomme un corps d'écriture ; celle des mineures Italiennes est de huit becs de haut, & six de large.
	Hauteur & largeur des majeures.	Celle des majeures s'établit sur le corps des mineures, réïterées pour la hauteur & largeur.
Des corps d'écritures supérieur, interieur & inférieur des lettres mineures.		Le nom de corps est donné aux majeures & mineures, qui se divisent en trois, sçavoir, Le corps interieur. Le superieur, sont les queuës qui passent en dessus du caractere. L'inferieur est celui qui passe endessous du caractere pour les queuës majeures, &c.
Du mot de mixte, applicable à beaucoup de partie de l'écriture.		Le mot de mixte convient à toutes les rondeurs ou demi cercles, soit montant ou descendant, quand ils sont formés par une plume grosse ou moyenne, parce qu'il y a des pleins de differentes grosseurs : nous pouvons dire encore que les rondeurs des *m* bâtardes hautes ou basses, peuvent être nommées mixtes, &c. des autres rondeurs, même de tous caracteres.
Des mots d'initiale, mediale & finale.		Les lettres initiales, sont celles qui se mettent au commencement des mots. Les médiales, au milieu de ces mots. Les finales, sont celles qui se placent à la fin des mots. *
Des liaisons des lettres.	*Directes ou naturelles.*	Les liaisons directes, sont celles qui se portent du bas en haut, de jambage à jambage, & des rondeurs à jambages. On entend par le mot de liaison, une partie déliée qui lie une lettre avec une autre, & un plein droit avec un autre, un courbe avec un droit, &c.
	Des indirectes.	Les liaisons indirectes, ou impropres, sont de rondeur à rondeur, ** & de jambage à rondeur, de rondeur à rondeur par un courbe en dessous délié, de jambage à rondeur par un délié montant.

* *Nota.* Il en est qui sont initiales, médiales & finales.

** *Nota.* A l'exception de *c*, *u*, *e* Italienne & coulée.

E

Distance des lettres, des mots & des lignes. — La distance ou espace des lettres, est la même chose, elle est de la largeur d'un corps du caractere.

Celle des mots de la largeur de deux; la distance des lignes pour le caractere sans queuës, est de trois corps & demi, ou quatre corps au plus; celle des lignes où il y a des abrégés ou passes, de cinq ou cinq & demi.

Mutation pour les lignes — Nous pouvons donner le nom de mutation à une ligne oblique envers celle à plomb, comme nous le donnons aux changemens de plume qui se produisent entre les trois générales situations, deux desquelles produisent leurs pleins sur une ligne à plomb.

OBSERVATIONS.

Les Leçons que je donne de vive voix, ont plus d'efficacité que celles par écrit, parce que les repetitions qui deviennent importunes dans un Livre, sont permises & profitables dans la conversation. La perfection de notre Art renferme beaucoup de chose toutes utiles, & plusieurs impossibles dans un seul homme de les posseder toutes. Ce qui m'étonne, c'est de voir tant de gens montrer jusqu'à quatre sciences differentes: & pour prouver ce que j'avance, je demande une personne qui possede parfaitement la forme des trois Caracteres dans le goût de Maître, en même tems les couler librement, & les expedier aussi parfaitement dans ce genre, qu'on peut à proportion les peindre dans l'autre. Je puis dire avoir vû tout ce qu'il y a de belles mains dans les Bureaux pendant quinze ans ou environ, dans lequel tems j'ai occupé differentes places convenables à mon dessein; je n'ai jamais rencontré que beaucoup de differences dans une même personne envers ces deux genre d'écrire; quand même cela seroit possible d'être au même dégré de perfection, il faudroit encore y joindre la maniere de bien démontrer, & la facilité de s'énoncer.

Lorsqu'un homme fait tant que de se donner la qualité de Maître, tels que beaucoup font aussi facilement que de produire une Lettre, ils doivent examiner avec plus d'attention s'ils sont capables d'en remplir les fonctions, comme disent Nosseigneurs les Magistrats, que non-seulement un Maître doit avoir beaucoup de probité pour les verifications des Ecritures contestées en Justice; mais encore une parfaite connoissance des principes de l'Art, & une belle execution, parce qu'ils tiennent comme en leurs mains pour cette partie, les biens & l'honneur du Public.

FAUTES A CORRIGER.

Premiere Partie.

PAge 1. *ligne* 26. un corps, *lisez* un corps & demi.
page 3. *ligne* 20. tant en, *lisez* tant des.
Ibid. ligne 28. d'autres comme, *lisez* qui sont.
page 4. *ligne* 18. sur celle, *lisez* sur l'horisontale.
Ibid. ligne 22. dexterité, *lisez* leur dexterité.
Ibid. ligne 36. mineures, *lisez* majeures.
Ibid. la derniere lig. du Nota, lis. ou ajoûtez que le cuivre.
page 7. *premier Chapitre, ligne* 14. ce qu'il, *lisez* ce qui.
page 8. 2. *Chapitre à la Note en marge*, jusqu'enfin, *lisez* jusques & compris les doigts.
page 8. *ligne* 8. qui servent aux; *lisez* pour les.
page 9. *ligne* 13. envers, *lisez* à l'égard, *& autres endroits.*
page 11. *ligne* 17. ce qu'il, *lisez* & qui.
Ibid. Chapitre 4. *ligne* 3. indice, *lisez* index.
page 12. *ligne* 4. prouve, *lisez* procure.
page 12. *lig.* 23. l'indice, *lis.* index, *& à d'autres endroits.*
page 13. *ligne* 2. indice *lisez* index, *& id.*
Ibid. ligne 43. soient, *lisez* fussent
Ibid. ligne 52 soient, *lisez* fussent.
Même page & ligne, flection, *lisez* flechissement, *& à d'autres endroits.*
page 13. *ligne* 57 à quoi sert l'explication, *lisez* à quoi servent les explications.
page 14. *en marge au second Nota*, aussi encore, *lis.* aussi par.
page 18. *ligne* 40. mineur de, *lisez* mineur du.
page 23. *ligne* 33. cercle elle, *lisez* cercle il.
page 23. *ligne* 35. ou peu, *lisez* ou un peu.
page 24. *ligne* 8. du corps du caractere, *lisez* du caractere.
page 25. *ligne* 34. oblige, *lisez* oblique.
page 26. *lig.* 19 *&* 20. le caractere un peu, *lis.* le caractere est un peu.

Seconde Partie.

Dans l'Avis, ligne 15. & qu'ils éleveront, *lisez* ouvriront.
Idem. même ligne, qu'ils entenderont, *lis.* qu'ils entendront.
page 2. *ligne* 27. en desigant, *lisez* en designant.

PREMIERE TABLE.

Page premiere au Nota, lig. 1. Je me sert, *lisez* Je me sers.
Idem. 2. *col. ligne* 18. desquelles il est employé les, *lisez* lesquelles sont employés.
page 4. *ligne* 6. par les étoiles il est tiré, *lisez* par les étoiles sont tirées.
Idem lig. 8 *&* 9. pourquoi il est produit, *lis.* pourquoi sont produites.
Idem ligne 18. aider le, *lisez* aidé du.
Idem ligne 20. puissance les, *lis.* puissance des.
page 5. *ligne* 2. le premier tem, *lis.* le premier tems.
Idem ligne 3. premier dégré, *lis.* premier dégré &.
Idem ligne 25. que celle, *lis.* comme celle.
Idem lig. 34 ligne à plomb traversante, *lis.* ligne horisontale.
Idem lig. 46 *&* 47. du second prouve, *lis.* du second prouvent.
page 6. *ligne* 27. très-petite, qui ne, *lis.* très-petite, & ne.
Idem lig. 39. le premier, *lis.* les. (*& de suite*) fléchis, étant, *lis.* fléchis, sont.
Idem au Nota, celle à plomp, *lis.* celle à plomb.
page 7. *ligne* 9. la troisiéme examiner, *lis.* la troisiéme, & examiner.
Idem ligne 19. & qui mettent, *lis.* & mettent.
Idem ligne 20. ;
Idem ligne 40. fléchi exercé, *lis.* fléchi exercer.
page 8. *lig.* 6. partie est contenuë, *lis.* parties sont contenuës.
Idem lig. 13 *&* 14. étenduë est contenuë le premier, *lis.* étenduës sont contenues les premiers.
Idem ligne 23. etenduë est contenuë le, *lis.* étenduë sont contenues les
page 9. *lig.* 10 *&* 11. mixte, mais celui des doigts le plus dominant, *lis.* mixte, mais celle des doigts la plus dominante.
Idem ligne 21. courbe, lesquels mouvemens ne pouvett, *lisez* ne peuvent.
Idem ligne 27, observant pour, *lis.* observant d'avoir.
page 10. *ligne* 14. à plomb produit, *lis.* à plomb produisent.
Idem ligne 4. point *L*, qui forme un, *lisez* point *L*, ce qui forme ce.
Idem ligne 13. le second tems fléchi à celui allongé à *E. lisez* le second tems fléchi, les doigts s'allongeant produisent jusqu'à *E.*
Idem ligne 25. jusqu'à *E*, & y forme, *lis.* & on y formera.
Idem lig. 30. *&* 31 que ce puisse être, *lis.* que ce puissent être.

CINQUIEME TABLE.

page 12. *ligne* 6. le bas de ces, *lis.* le bas des.
Idem ligne 11. regardés, *lis.* regardées.
Idem ligne 12. fautives, *lis* fautes.
Idem ligne 15. ce qui provient, *lis.* proviennent.
Idem ligne 17. provenant, *lis.* proviennent.
Idem ligne 21. plein finissant desdits *o. g. q.* trop large ou plus avancé, *lis.* pleins finissans desdits *o. g. q.* sont trop larges ou plus avancés.
Idem ligne 26. provient, *lis.* proviennent.

APPROBATION.

J'Ai lû par l'ordre de Monseigneur le Garde des Sceaux, un Manuscrit qui a pour titre, *Les nouveaux Principes de l'Art d'écrire, ou la vraye Méthode d'y exceller sans Maître.* Fait à Paris ce trentiéme Avril 1729. *Signé*, JOLLY.

PRIVILEGE DU ROY.

LOUIS par la grace de Dieu Roy de France & de Navarre : à nos amez & féaux Conseillers, les Gens tenans nos Cours de Parlement, Maistres des Requestes ordinaires de nôtre Hôtel, Grand Conseil, Prevost de Paris, Baillifs, Senechaux, leurs Lieutenans Civils, & autres Justiciers qu'il appartiendra, Salut. Nôtre bien amé le sieur ROYLLET, Nous ayant fait exposer qu'il auroit composé un Ouvrage qui a pour titre : *Les nouveaux Principes de l'Art d'écrire, ou la Methode d'y exceller sans Maitre*, qu'il souhaiteroit faire imprimer & donner au Public, s'il Nous plaisoit lui accorder nos Lettres de Privilege sur ce necessaires ; offrant pour cet effet de le faire imprimer en bon papier & beaux caracteres, suivant la feuille imprimée & attachée pour modele sous le contre-Scel des Presentes : A ces causes voulant favorablement traiter ledit sieur Exposant, Nous lui avons permis & permettons par ces Presentes, de faire imprimer ledit Ouvrage ci-dessus spécifié, en un ou plusieurs Volumes, conjointement ou separement, & autant de fois que bon lui semblera, sur papier & caracteres conformes à ladite feuille attachée sous notredit contre-Scel, & de le vendre, faire vendre & debiter par tout notre Royaume, pendant le tems de six années consecutives, à compter du jour de la date desdites Presentes : Faisons défenses à toutes sortes de personnes de quelque qualité & condition qu'elles soient, d'en introduire d'impression étrangere dans aucun lieu de notre obéïssance : comme aussi à tous Libraires, Imprimeurs & autres, d'imprimer, faire imprimer, vendre, faire vendre, debiter, ni contre-faire ledit Ouvrage ci-dessus exposé, en tout ni en partie, ni d'en faire aucuns extraits, sous quelque prétexte que ce soit, d'augmentation, correction, changement de titre, même en feuille separée, ou autrement, sans la permission expresse & par écrit dudit Sr Exposant, ou de ceux qui auront droit de lui, à peine de confiscation des Exemplaires contrefaits, de trois mille livres d'amende contre chacun des contrevenans, dont un tiers à Nous, un tiers à l'Hôtel-Dieu de Paris, l'autre tiers audit sieur Exposant, & de tous dépens, dommages & interests : A la charge que ces Presentes seront enregistrées tout au long sur le Registre de la Communauté des Libraires & Imprimeurs de Paris, dans trois mois de la date d'icelle : Que l'impression de ce Livre sera faite dans notre Royaume & non ailleurs ; & que l'impetrant se conformera en tout aux Reglemens de la Librairie, & notamment à celui du dix Avril 1725. & qu'avant que de l'exposer en vente, le Manuscrit ou Imprimé qui aura servi de copie à l'impression dudit Ouvrage, sera remis dans le même état où l'Approbation y aura été donnée, ès mains de notre très-cher & féal Chevalier Garde des Sceaux de France le sieur Chauvelin ; & qu'il en sera ensuite remis deux Exemplaires dans notre Bibliotheque publique, un dans celle de notre Château du Louvre, & un dans celle de notre très-cher & féal Chevalier Garde des Sceaux de France le sieur Chauvelin ; le tout à peine de nullité des Presentes. Du contenu desquelles vous mandons & enjoignons de faire joüir l'Exposant ou ses ayans causes, pleinement ou paisiblement, sans souffrir qu'il leur soit fait aucun trouble ou empêchement. Voulons qu'à la copie desdites Presentes qui sera imprimée tout au long au commencement ou à la fin dudit Livre, soit tenuë pour dûment signifiée ; & qu'aux copies collationnées par l'un de nos amez & féaux Conseillers & Secretaires, foy soit ajoûtée comme à l'Original. Commandons au premier notre Huissier ou Sergent de faire pour l'execution d'icelles tous actes requis & necessaires, sans demander autre permission, & nonobstant clameur de Haro, Charte Normande, & Lettres à ce contraires ; Car tel est notre plaisir. Donné à Paris le treiziéme jour de May, l'an de grace mil sept cens vingt-neuf, & de notre Regne le quatorziéme. Par le Roy en son Conseil.

DE SAINT-HILAIRE.

Registré sur le Registre VII. de la Chambre Royale & Syndicale de la Librairie & Imprimerie de Paris, N° 379. fol. 312. conformément au Reglement de 1723. qui fait défenses art. IV. à toutes personnes de quelque qualité qu'elles soient, autres que les Libraires & Imprimeurs, de vendre, débiter, & faire afficher aucuns Livres pour les vendre en leurs noms, soit qu'ils s'en disent les Auteurs ou autrement, & à la charge de fournir les Exemplaires prescrits par l'article C. VIII. du même Reglement. A Paris le 28 Juin 1729.

P. A. LE MERCIER, Syndic.

www.ingramcontent.com/pod-product-compliance
Ingram Content Group UK Ltd.
Pitfield, Milton Keynes, MK11 3LW, UK
UKHW021542260726
13993UKWH00002B/585